AI와 창업

인공지능총서

인공지능 시대입니다. 기계가 인간의 인지를 대신하고, 사물이 인간을 통하지 않고 다른 사물과 직접 커뮤니케이션합니다. 이에 따른 인간 삶과 문명 변화를 정확히 이해 · 예측 · 대응하는 것은 이 시대 우리 모두의 과제입니다. 인공지능총서는 인공지능 기술과 환경의 여러 주제를 10가지 키워드로 정리합니다. 관련 개념과 이론, 학계와 산업계의 쟁점, 우리 일상의 변화를 다룹니다. 인간과 기술의 현재, 미래를 세심히 분석합니다.

일러두기

- 인명, 작품명, 저서명, 개념어 등은 한글과 함께 괄호 안에 해당 국가의 원어를 병기했습니다.
- 외래어 표기는 현행 어문규정의 외래어표기법을 따랐습니다.
- 이 책은 한국벤처창업학회 'AI 관련 창업' 연구과제와 한양대학교 교내 연구지원사업(HY-202300000003617)의 지원을 통해 수행된 것이며 아래 두 연구를 참고해 작성되었습니다.

  1) 이승아·정태현(2023). "생성 AI 스타트업에 대한 벤처 투자 분석과 예측: 미국과 한국을 중심으로". 《벤처창업연구》, 18(4), 21~35.

  2) 이승아·정태현(2024). "생성AI와 창업: 외생적 촉진자로서의 생성AI 역할 분석". 《벤처창업연구》, 19(6), 89~100.

처음이세요?

전문가세요?

AI와 창업

이승아·정태현

대한민국, 서울, 커뮤니케이션북스, 2025

AI와 창업

지은이 이승아·정태현
펴낸이 박영률

초판 1쇄 펴낸날 2025년 10월 16일

커뮤니케이션북스(주)
출판 등록 2007년 8월 17일 제313-2007-000166호
02880 서울시 성북구 성북로 5-11
전화(02) 7474 001, 팩스(02) 736 5047
commbooks@commbooks.com
www.commbooks.com

ISBN 979-11-430-1351-4 03500

책값은 뒤표지에 표시되어 있습니다.

차례

AI, 창업의 패러다임을 바꾸다

세계 경제를 이끄는 기술 리더이자 미국의 시가총액 상위 7개 기업을 동명의 영화에 빗대 '매그니피센트 7'이라 부른다. 영화에서 의기투합한 총잡이 단 7명이 거대한 악에 맞서 한 마을을 지키듯이 이들 7개 기업이 세계 경제의 운명을 짊어지고 있는 것인지도 모른다. AI 칩의 제왕 엔비디아(시총 약 4조 3900억 달러), 애저(Azure) 클라우드와 소프트웨어의 거인 마이크로소프트(약 3조 7700억 달러), 스마트폰과 혁신의 아이콘 애플(약 3조 4500억 달러), 검색과 AI 연구의 선두주자 구글(약 2조 5000억 달러), 전 세계 주요 정보 서비스를 운영하는 클라우드 서비스의 1인자 아마존(약 2조 4400억 달러), 페이스북이 이름을 바꾼 메타(약 1조 8900억 달러), 그리고 전기차 혁명을 이끈 테슬라(약 1조 800억 달러)가 바로 그 일곱이다. 이들의 시가총액을 모두 합하면 약 19조 5200억 달러, 우리 돈으로 2경 7000조다. 이들의 시가총액은 중국의 GDP(2024년 기준 18.7조 달러)보다 크며, 전 세계에서 이들의 시가총액보다 많은 GDP를 가진

유일한 국가로 미국이 존재할 뿐이다.

이 기업들은 세 가지 공통점이 있다. 모두 AI의 선도자이자 창업 기업이며 고성장 기업이다.

이들은 모두 혁신적 기술 기업으로 현재 AI 기술을 선도하고 있다. 엔비디아는 AI 연산에 핵심적인 반도체칩을 공급하고 있고, 마이크로소프트는 OpenAI의 전략적 투자자로 AI 혁명을 이끄는 주요 기업이며, 구글과 메타는 모두 세계 최선도의 파운데이션 LLM모델을 개발해 운영 중이고 최근의 생성 AI 기술 혁명에 핵심적인 역할을 하고 있다. 아마존도 AI 서버 호스팅에 필수적인 클라우드 서비스를 제공하고 있고, 테슬라는 자율주행 분야 및 차량용 AI의 선도 주자 중 하나다. 현재 AI 경쟁에서 다소 뒤처진 것으로 인식되는 애플조차 시리(Siri)라는 음성인식 AI를 세계 최초로 제품화했던 기업이다.

이들은 모두 창업 기업이기도 하다. 물론 세계 모든 기업들이 과거 언젠가는 창업했던 기업일 수밖에 없다. 그러나 현재 우리가 알고 있는 실리콘 밸리식 벤처 기술 창업의 원조가 바로 이들이다. 마이크로소프트와 애플은 1970년대에 개인용 PC 기술로 창업을 해서 1980년대 개인용 PC의 폭발적 성장을 선도하고 그 과실을 누렸다. 1990년대와 2000년대 초반 창업한 아마존, 알파벳(구글), 메타는 인터넷의 대중화 즉, 닷컴(.com) 붐에 올라탔고 현재 생성 AI 혁명의 주도자들이다. 2000년대 초반에 창업한 엔비디아와 테슬라는 하드웨어 제조업으로 AI 기술의 기반이 되거나 AI 기술을 자동차에 선제적으로 적극 적용한 경우다.

이들은 또한 고성장 기업이기도 하다. 이들 기업 모두 미래에 등장할 새롭고 유망한 기술과 시장을 내다보고 끈질긴 투자와 연구를 이어왔고, AI가 세상을 바꾸는 지금도 여전히 기술과 시장을 선도하고 있다. 그리하여 그 과실도 엄청나게 누리고 있다. 이는 이들 기업의 성장률에서 극명히 드러난다. 2015년 3000조 원에 불과(?)했던 시가총액이 2025년 2.7경 원으로 9배 폭풍 성장했다. 지난 10년 동안 이 정도 규모의 대기업이 연평균 무려 24.5%씩 성장을 해 온 것이다. 참고로 한국 증시를 이끄는 7대장인 삼성전자, SK하이닉스, 삼성바이오로직스, LG에너지솔루션, 한화에어로스페이스, 현대자동차, KB금융은 같은 기간 2.6배, 연평균 11% 가량 성장했다.

매그니피센트 7은 AI 기술과 산업의 중요한 한 축을 떠받들고 있지만, 이들은 이미 대기업이라 할 수 있다. 그러나 다른 한편에서는 최근 10년 내 AI로 창업한 기업들이 무서운 기세로 성장하고 있다. 2015년 창업한

OpenAI의 기업 가치는 약 5000억 달러(약 700조 원), 2021년 창업한 앤트로픽(Anthropic)은 약 615억 달러(85조 원), 2016년 창업한 스케일 AI(ScaleAI)는 약 290억 달러(40조 원), 2022년 창업한 퍼플렉시티(Perplexity)는 약 180억 달러(25조 원)이다.

한국에서도 역시 AI 창업이 폭발적 관심을 받고 있음은 두말 할 필요가 없다. 리벨리온, 퓨리오사AI, 루닛 등의 AI 창업 기업이 모두 기업 가치 1조 원 이상의 평가를 받고 있는 창업 기업이다. 이밖에도 한국 정부는 물론 카카오, 네이버, 삼성전자, LG전자 등 대기업들도 AI 기술의 연구 개발과 사업화에 엄청난 투자를 집행하거나 계획하고 있을 뿐 아니라 AI 창업 기업들과의 상호보완적 생태계에도 전례 없는 관심을 기울이고 있다. AI 창업의 뜨거운 여름, 폭발적인 여름의 초입에 우리가 서 있는 것이다.

책의 구성

이 책은 바로 이처럼 역동적으로 펼쳐지는 AI 창업의 세계를 깊이 있게 조망하고, 격변의 시대에 기회를 잡으려는 예비 창업가들을 위한 충실한 안내서가 되고자 쓰였다.

먼저 1980년대 전문가 시스템의 등장과 함께 부풀었던 기대감, 그리고 그 뒤를 이은 길고 추웠던 'AI의 겨울'을 거쳐 2010년대 딥러닝 혁명으로 마침내 폭발적인 'AI의 여름'을 맞이하기까지, 험난했던 AI 창업의 연대기(1장)를 따라가 본다. 이 역사적 흐름 속에서 AI 기술 생태계가 인프라, 파운데이션 모델, 응용 서비스 등 어떤 계층으로 구성되며 다양한 플레이어들이 어떻게 각자의 자리를 찾아가는지 그 지형도(2장)를 그려본다. 그리고 이 혁명의 중심에 서서 AI 시대를 재정의한 두 거인, 체스와 게임에 대한 열정으로 시작해 알파고 신화를 쓴 딥마인드(DeepMind)와 인류에게 이로운 AI를 만들겠다는 비전으로 출발한 OpenAI의 탄생 비화(3장)를 통해 위대한 기업의 시작점을 깊이 있게 파헤친다.

다음으로, 전 세계를 무대로 펼쳐지는 AI 창업 전쟁의 현재를 생생하게 분석한다. OpenAI 출신들이 'AI 안전성'이라는 철학을 기치로 내걸고 설립한 앤트로픽과 기존 검색 시장의 거인 구글에 도전장을 던진 퍼플렉시티가 혁신을 주도하는 미국(4장), 정부의 강력한 지원과 거대 내수 시장을 바탕으로 적은 비용으로 고성능 모델을 개발해 세상을 놀라게 한 딥시크(Deepseek)와 알리바바 등 빅 테크의 전폭적인 투자를 받는 문샷AI(Moonshot

AI)를 필두로 무섭게 성장하는 중국(5장), 그리고 미국의 기술 종속에서 벗어나 '디지털 주권'을 외치며 오픈소스 모델을 중심으로 뭉치는 유럽의 미스트랄 AI(Mistral AI)까지, 각국의 치열한 전략과 경쟁 구도를 들여다본다. 나아가 이러한 글로벌 흐름 속에서 한국이 가진 기회와 가능성을 탐색한다. 반도체 강국의 저력을 바탕으로 AI 칩 시장에 도전하는 리벨리온(Rebellions)과 퓨리오사AI(FuriosaAI), 그리고 의료 AI 시장을 개척한 루닛(Lunit), 영상 이해 기술의 선두주자 트웰브랩스(Twelve Labs) 등 특정 산업에 특화된 솔루션으로 세계에서 인정받는 한국 AI 창업 생태계의 특징과 잠재력(6장)을 심도 있게 다룰 것이다.

이러한 폭발적인 혁신은 거대한 자본의 흐름 위에서 이루어진다. AI 시대의 벤처 투자(7장) 챕터에서는 2024년 한 해에만 전 세계적으로 1100억 달러라는 천문학적인 자금이 AI 스타트업에 쏟아지고, 그중 74%가 미국에 집중되는 현실을 수치로 확인한다. 마이크로소프트, 구글, 아마존 등 빅 테크 기업들이 단순히 자금을 지원하는 것을 넘어, 자신들의 클라우드 인프라와 생태계를 중심으로 유망 스타트업을 끌어들이며 어떻게 미래 시장의 패권을 장악해 나가는지 그 전략적 속내를 살펴본다.

이어서 이 책은 AI가 창업의 '방식' 자체를 근본적으로 어떻게 바꾸고 있는지 탐구한다. AI가 코딩, 디자인, 문서 작업에 필요한 시간과 자원을 극적으로 압축하여 기술적, 재정적 진입 장벽을 허물고, 이로 인해 직원 없이 혼자 사업을 일구는 1인 기업가, 즉 '솔로프러너(Solopreneur)'의 등장을 촉발한 과정(8장)을 구체적인 성공 사례를 통해 생생하게 보여준다. 또한 창업 이후의 성장 단계에서 AI가 단순 반복 업무 자동화를 넘어, 과거에는 대기업만 가능했던 데이터 기반 시장 분석, 경쟁사 동향 파악, 정교한 자금 흐름 예측까지 수행하며 사업 운영의 패러다임을 혁신하는 모습(9장)을 들여다본다.

마지막으로, 이 모든 논의를 종합하여 한국의 예비 창업자들이 마주한 현실과 기회를 조명하며 AI 시대 창업의 미래(10장)를 조망한다. '과연 한국에서 OpenAI 같은 기업이 나올 수 있었을까?'라는 질문에 대한 현실적인 답변과 함께, 거대 자본이 아닌 날카로운 문제 해결 능력과 데이터, 그리고 실행력으로 승부해야 하는 우리의 전략을 제시한다.

AI는 분명 창업의 문턱을 낮춘 위대한 사다리다. 하지만 그만큼 더 높은 곳을 향한 경쟁은 치열해졌고, 성공에 이르는 길은 결코 가벼워지지 않았다. 이 책이 AI라는 강력한 도구를 손에 쥐고 세상의 의미 있는 문제를 해결하고자 하는 모든 용감한 예비 창업가들에게, 그 험난하지만 위대한 여정을 함께할 충실한 안내서가 되기를 진심으로 바란다.

주요 내용

다음은 각 챕터의 주요 내용이다.

1장 AI 창업 연대기에서는 시리(Siri)와 같은 초기 AI 창업 기업의 등장을 통해 AI 기술의 시작과 발전 과정을 상세히 설명한다. 2010년 이후 딥러닝과 생성 AI 기술이 크게 발전하였는데, Deep Belief Network, AlexNet, GAN, 그리고 트랜스포머 아키텍처와 같은 기술의 등장은 AI 창업의 급증을 야기했다. 인공지능이라는 용어는 1955년에 이미 제안되었으나, 이후 2010년까지는 '인공지능의 겨울'이 오래 지속되었다. 그럼에도 1980년대 전문가 시스템의 등장과 함께 심볼릭스(Symbolics), Thinking Machines Corporation(TMC) 같은 AI 관련 창업이 시작되었고, 1990년대에는 머신러닝 기법을 산업 솔루션으로 적용하려는 iRobot, Boston Dynamics 등이 나타났다. 2000년대 들어서는 정부의 임무 지향적 연구개발 지원과 함께 팔란티어(Palantir Technologies), 시리(Siri)와 같은 AI 창업 기업들이 움트기 시작했다.

2장 AI 창업 생태계에서는 AI 기술 기반 창업가와 기업들이 성장하는 환경을 정의하고, 이들을 지원하는 다양한 생태계 구성원들을 소개한다. 미국의 벤처 투자자 맷 터크(Matt Turck)가 매년 공개하는 MAD LANDSCAPE 보고서의 2024년 버전에 따르면 인프라, 분석(analytics), 머신러닝과 AI, 응용 프로그램, 오픈소스 인프라, 데이터와 API, 데이터 및 AI 컨설팅 등 7가지 영역에 걸쳐 모두2011개에 달하는 AI 창업 기업들이 생태계를 구성하고 있다. 이는 2012년의 139개 기업에 비해 14배 이상 증가한 것이다. 또한 글로벌 AI 기술을 주도하는 미국과 중국이 각기 다른 방식(미국은 시장 중심의 민간 주도, 중국은 국가 주도의 중앙 집권 전략)으로 접근하는 양상과 벤처 투자 규모를 비교하며 글로벌 AI 생태계의 지역별 특징을 설명한다. 2024년 전 세계 AI 벤처 투자액 약 1100억 달러 중 미국이 814억 달러, 중국이 119억 달러, 한국이 3.3억 달러를 차지하여 미국의 압도적인 위상이 나타난다는 점도 언급한다.

3장 딥마인드와 OpenAI에서는 AI 창업의 'GOAT (Greatest Of All Time)'로 불리는 딥마인드와 OpenAI의 창업 과정을 상세히 다룬다. 딥마인드는 데미스 허사비스(Demis Hassabis)가 2010년 런던에서 창업하였으며, 구글에 인수된 후 알파고(AlphaGo)와 알파폴드(AlphaFold)로 세계를 놀라게 하였다. 특히 초기부터 실리콘밸리의 벤처캐피탈로부터 장기 투자를 유치한 전략이 성공적이었다. OpenAI는 샘 알트먼(Sam Altman), 일론 머스크(Elon Musk), 그렉 브록먼(Greg Brockman), 일리야 수츠케버(Ilya Sutskever) 등 당대 최고의 인재들이 모여 '안전한 일반 인공지능(General AI)' 개발을 목표로 비영리 단체 형태로 설립되었다. 이후, OpenAI가 마이크로소프트(Microsoft)의 대규모 투자를 받아 ChatGPT 혁명을 주도하며 폭발적으로 성장한 역사를 간략히 설명한다. 딥마인드와 OpenAI 간에는 제프리 힌턴(Geoffrey Hinton) 교수와의 간접적인 인연, 최고의 인재 결합, 실리콘 밸리 투자 유치, 그리고 빅 테크 기업의 관심, 일론 머스크의 관여 등 흥미로운 연결점들이 존재한다는 점도 지적한다.

4장 미국의 주요 AI 창업 기업과 스타 창업자들의 탄생에서는 OpenAI 이후 급성장한 생성 AI 산업을 선도하는 미국의 주요 스타트업들을 소개한다. OpenAI 출신 멤버들이 모여 AI 안전성을 목표로 대화형 LLM 서비스 클로드(Claude)를 개발한 앤트로픽, 딥마인드 공동 창업자 무스타파 술레이만(Mustafa Suleyman)과 연쇄 창업가 리드 호프만(Reid Hoffman)이 설립하여 개인용 AI 비서 'Pi'를 출시한 인플렉션AI(InflectionAI), 기존 검색 시장에 도전하며 RAG(Retrieval-Augmented Generation) 방식으로 출처가 있는 답변을 제공하는 퍼플렉시티, 그리고 AI를 위한 데이터 인프라를 제공하며 젊은 창업자들의 성공 사례로 주목받는 스케일AI(ScaleAI) 등 각 기업의 특징과 창업 스토리가 상세히 다루어진다. 특히 OpenAI 출신 인재들이 새로운 창업에 나서며 '오픈AI 마피아' 효과를 창출하고 AI 생태계를 확장하는 현상을 조명한다.

5장 중국 등 해외 AI 창업에서는 미국 외 다른 국가들의 글로벌 AI 창업 생태계 주요 흐름을 살펴본다. 중국은 미국의 기술 규제에도 불구하고 국가 주도의 전략적 투자와 거대한 내수 시장을 기반으로 딥시크, 문샷AI, 바이추안AI(Baichuan AI)와 같은 초저비용 고성능 모델 개발 기업들을 육성하고 있다. 특히 딥시크의 V3 모델은 80억 원의 적은 비용으로 개발되어 높은 성능을 보이며 세계를 놀라게 하였고, 문샷AI는 알리바바(Alibaba)의 주도로 대규모 투자를 유치하여 장문 처리 능력으로 주목받는다. 바이추안AI는 중국의 '4대 AI 호랑이' 기업 중

하나로, 알리바바, 텐센트(Tencent), 샤오미(Xiaomi) 등으로부터 대규모 투자를 받으며 성장했다. 유럽은 '디지털 주권' 강화를 목표로 윤리적 사용과 개방성을 중시하며, 프랑스의 미스트랄 AI와 독일의 알레프 알파(Aleph Alpha GmbH)와 같은 기업들이 유럽 고유의 가치를 담은 AI 모델을 개발하고 있다. 유럽 최대 AI 시장인 영국에서는 AI 기반 자율주행 소프트웨어 기업 웨이브(Wayve)와 제조 공정 혁신 기업 피직스X(PhysicsX)가 대규모 투자를 유치하며 다양한 산업에 AI를 적용하여 성장하는 양상을 보여준다.

6장 한국의 AI 창업에서는 글로벌 AI 벤처 투자가 급증하는 가운데 한국 AI 창업 생태계 역시 꾸준히 성장하는 모습을 분석한다. 한국 AI 창업의 주요 특징은 다음 몇 가지로 요약된다. 첫째, AI 반도체 분야의 성장이다(리벨리온, 퓨리오사AI). 둘째, 경량화 및 특화 모델의 강점이다(노타AI, 업스테이지). 셋째, 의료, 콘텐츠, 지식 검색 등 산업 현장 중심의 응용 분야 발전이다(루닛, 뷰노, 트웰브랩스, 라이너). 특히 반도체 강국이라는 배경을 바탕으로 AI 칩 스타트업들이 글로벌 시장에서도 주목받으며 성장하고 있으며, 소형 언어 모델(sLLM)과 온디바이스 AI 기술을 활용하는 기업들이 국내외에서 경쟁력을 강화하고 있다는 점을 강조한다. 네이버와 카카오 등 IT 대기업 주도의 혁신과 정부 정책이 맞물리며 유기적인 생태계를 형성하고 있는 점도 언급한다.

7장 AI 벤처 투자에서는 AI 분야 벤처 투자가 역사적으로 부침을 겪었으나 ChatGPT 출시 이후 폭발적으로 성장한 양상을 다룬다. 2024년 전 세계 AI 벤처 투자 규모는 사상 최대인 1100억 달러를 기록하였는데, 이는 AI가 범용 기술(General Purpose Technology)로 확산되는 구조적 변화로 이해된다. 미국은 글로벌 AI 벤처 투자의 74%를 차지하며 독주하는 현상을 보이며, 마이크로소프트의 OpenAI 투자나 구글, 아마존의 앤트로픽 투자와 같이 빅 테크 기업들이 전략적인 투자를 이어 가고 있다. 특히 파운데이션 모델 개발 및 클라우드 인프라 등 AI 기술 구현을 위한 인프라 분야에 대규모 자본 집중이 뚜렷하게 나타난다. 한국은 AI 벤처 투자가 기록적으로 증가하고 있으나, 미국의 압도적인 투자 규모나 전체 벤처 투자에서 AI가 차지하는 비율과 비교하면 시장 규모가 작아 한계가 있다. 또한 한국의 AI 투자는 인프라나 모델 개발보다는 영상, 이미지, 챗봇과 같은 특정 산업 응용 분야에 집중되어 있는 것이 차이점이다. 이는, 장기적으로는 한국 AI기업들이 미국 주요 기업의 핵심 기술에 종속될 위험이 있다는 것을 시사한다. 7장에서는 AI 분야 벤처 투자는 단기적 변동성에도 불구하고 장기적으로 산업과 사회 전반에 걸친 새로운 기회를 이끌어가는 신호로 기대된다고 전망한다.

8장 AI 기반 제품 개발과 사업화 전략에서는 AI 기술이 창업 생태계에 '외생적 촉진자(External Enabler)'로 작용하여 제품 개발 및 사업화 진입 장벽을 획기적으로 낮춘 점을 설명한다. AI는 아이디어를 현실로 구현하는 데 필요한 시간과 비용을 극적으로 줄이는 '절감(Compression)'과 '절약(Conservation)' 효과를 통해 개발 과정, 인력, 제작 단가를 줄인다. 특히 AI는 서류 작업 시간을 단축하고, 최소 비용으로 아이디어를 검증할 기회를 제공하여 창업 초기 자원 소진 위험을 줄이는 데 크게 기여한다. Jasper AI나 Copy.AI와 같은 기업들이 AI를 활용하여 빠르게 성장한 사례도 제시된다. 이러한 현상이 최고조에 달하면서 직원 없이 혼자 사업하는 '솔로프러너(Solopreneur)'가 등장하였고, AI가 개인의 역량을 기업 수준으로 확장시키는 '멀티플라이어(Multiplier)' 역할을 하는 지점도 조명한다. 솔로프러너들은 AI 기반 자동화 도구, 노코드(No-code) 개발 플랫폼, 디지털 마케팅 솔루션 등을 활용하여 창업의 새로운 트렌드를 만들고 있다.

9장 AI와 사업 운영 효율화에서는 AI의 역할이 창업 초기 단계를 넘어 사업의 지속적인 성장과 효율적인 운영을 혁신하는 데까지 확대되고 있음을 다룬다. AI는 자원의 '확장(Expansion)'과 인력의 '대체(Substitution)'를 핵심으로 하며, 제한된 자원을 가진 스타트업도 대규모 예산 없이 데이터 분석, 시장 조사와 같은 업무를 수행할 수 있도록 하여 외부 자원에 대한 접근성을 높인다. AI 기반 SaaS(Software as a Service) 솔루션들은 고객 지원, 회계, 인사 관리 등 백오피스 업무를 자동화하여 핵심 인력이 전략적인 업무에 집중할 수 있도록 운영 방식을 변화시키고 있다. 나아가 AI는 단순히 효율성을 높이는 것을 넘어, 데이터 기반 시뮬레이션과 예측을 통해 경영진의 의사 결정 불확실성을 줄이고 외부 이해관계자에게 기업의 신뢰성을 높여주는 '전략적 파트너' 역할을 수행하며 운영 역량을 질적으로 도약시킨다. 결론적으로, AI 활용에 한계점이 있으며 이를 보완하는 인간의 경험 및 직관이 중요하다. 이를 위해, 기술과 인간 역량의 조화가 특히 필요하다는 점을 강조한다.

10장 AI와 창업의 미래에서는 인공지능이 창업 방식을 변화시키는 중요한 동력임을 인정하면서도, 한국 시장의 조건과 기회가 글로벌 시장과는 다르다고 지적한다. 현실적으로 한국에서 OpenAI와 같은 초거대 모델 기업이 등장하기는 어렵지만, 한국 스타트업들은 제한된 자본을 효율적으로 활용하여 경량화 모델, 특정 산업에 특화된 데이터 세트, 도메인 지식 기반 솔루션에 집중함으로써 '예리한 문제 해결 능력'으로 차별화된 성과를 창출할 필요가 있다고 주장한다. 모방 위기를 극복하기 위해서는 고유한 데이터 세트 확보, 데이터 권리화, 도메인 지식 결합을 통한 독창적 솔루션 구축, 인재 선점, 그리고 대기업과의 협력 및 파트너십을 통한 생태계 내 포지셔닝 역시 중요하다. 또한 AI가 창업의 시작을 용이하게 했지만, 성장은 결코 가볍지 않으며 장기적인 성공을 위해서는 견고한 팀, 자본, 신뢰, 위험 대응 능력과 같은, 어떻게 보면 벤처 창업계의 오래된 철칙에 따른 기본기가 필수적이다. 또한 데이터와 윤리가 새로운 경쟁력의 핵심이 될 가능성도 제시한다. 결국, AI 창업의 본질은 '누가 더 의미 있는 문제를 (AI를 활용해) 해결했는가'라는 근본적인 문제를 해결하는 것으로 귀결되며, 이에 대한 창업가의 도전과 모색이 활발히 이루어지기를 소망하는 것으로 마무리한다.

01
AI 창업 연대기

AI 관련 창업이 의미가 있던 시기는 1980년대부터다. 그러다가 2010년부터는 갑자기 뜨거운 인공지능의 여름이 찾아왔고 AI 창업에도 전례 없는 열풍이 불고 있다. 이러한 과정을 시대 순으로 간략히 살펴본다. 인공지능 기술 발전을 주도한 미국을 중심으로 살펴보되 최근 시기의 경우 한국의 동향도 간략히 제시한다.

기후 위기와 인공지능?

인공지능(Artificial Intelligence, AI)이란 말은 1955년에 이미 제안되었다. 미국 다트머스대와 하버드대, IBM과 벨연구소 등에 있던 일군의 학자들(존 매카시, 마빈 민스키 등)이 미국 록펠러재단에 연구비를 신청하며 사용한 용어다.

이후 금방이라도 외국어 번역을 그럴듯하게 해낸다거나 인간 수준의 추론 능력을 갖추고 복잡한 문제를 뚝딱 해결해 줄 것이라고 기대했던 인공지능 기술의 발전은 생각보다 매우 많이 더뎠다. 이른바 인공지능의 겨울이 오래 지속된 것이다. 1955년 이후 2025년 현재까지 70년의 기간 중 55년, 즉 2010년까지는 인공지능의 겨울과, 겨울 사이 해빙기(봄)가 반복되었던 기간이라 할 수 있다. 그중에서도 AI 관련 창업이 의미가 있던 시기는 1980년대부터다. 그러다가 2010년부터는 갑자기 뜨거운 인공지능의 여름이 찾아왔고 AI 창업에도 전례 없는 열풍이 불고 있다.

이 장에서는 이러한 과정을 시대 순으로 간략히 살펴본다. 인공지능 기술 발전을 주도한 미국을 중심으로 살펴보되 최근 시기의 경우 한국의 동향도 간략히 제시한다.

1990년 이전: 인공지능의 태동과 희망 고문의 시기

1960년대와 1970년대 인공지능 기술의 개발은 주로 미국을 중심으로 MIT와 같은 대학, IBM이나 벨연구소 같은 기술 대기업, 미국 방위고등연구계획국(DARPA)이나 미국 항공우주국(NASA) 같은 정부 출연 연구소 등을 중심으로 이루어졌다. 아직은 사업적 기회가 뚜렷이 발현되어 스타트업들이 활동할 여건이 마련되지 못했던 것이다.

물론, 잠깐 잠깐 인공지능의 봄이 지속되는가 싶었지만, 컴퓨터 하드웨어 성능 부족과 기대에 못 미치는 인공지능 성능 등 인공지능에 대한 희망은 줄곧 실망으로 이어졌다. 예를 들어 1958년, 현재 인공신경망의 원형이라 할 수 있는 퍼셉트론(perceptron)이 제안되었으나 비선형 문제를 풀 수 없다는 한계가 인식(1969년)되자 곧바로 AI의 겨울이 시작되었다. 퍼셉트론은 2010년 들어 심층신경망 학습(혹은 딥러닝)법이 보완되자 비로소 빛을 발하게 되었다.

1980년대 전문가 시스템의 등장은 AI의 봄을 이끄는가 싶었다. 특정 분야 전문가들이 가지고 있는 지식을 지식 베이스로 구축하고 몇 가지 의사 결정 규칙을 적용해 답을 찾고 의사 결정을 하는 시스템은 컴퓨터 하드웨어만 지원되면 굉장히 강력한 성능을 보일 것이라 기대되었다. 이러한 기대는 1970년대 미국의 벤처캐피탈 산업 조성과 더불어 활발한 기술 창업으로 이어졌다.

심볼릭스(Symbolics, 1980년 창업, 1996년 파산)나 Thinking Machines Corporation(TMC, 1983년 창업, 1994년 파산)은 모두 MIT 출신 엔지니어들이 창업한 이 시기 대표 창업 기업이다. 두 회사 모두 전문가 시스템 구현에 필수적인 LISP 전용 컴퓨터 개발을 목표로 하였다. 하지만 전문가 시스템은 하드웨어 성능보다는 자체의 결함으로 뚜렷한 한계를 보였다. 수많은 '지식'을 수집하여 탑재하는 것, 이를 갱신하는 것, 그리고 사소한 의사 결정이라 하더라도 생각보다 복잡한 의사 결정 규칙이 필요하다는 점을 간과했던 것이다. 전문가 시스템의 몰락은 두 번째 AI 겨울로 이어졌다.

다만, 이 시기 후에 딥러닝 혁명의 초석이 되는 역전파(backpropagation) 방법 등이 제프리 힌턴 교수 등에 의해 제안(1986년)된 것, 그리고 얀 르쿤(Yan LeCun)이 기술과 CNN 기술을 적용해 손 글씨를 인식할 수 있음을 보여 준 것(1989년)은 희망의 씨앗이라 할 수 있다.

1990년~2000년대: 겨울을 넘어 봄으로

1990년대는 머신러닝 기법을 산업 솔루션으로 적용하려는 기업들이 활발히 나타났다. 로봇청소기 룸바(Roomba)로 유명한 iRobot이 MIT 스핀오프로 1990년 창업했고, 이어서 로봇개로 유명한 Boston Dynamics 역시 MIT 스핀오프로 1992년 창업했다.

2000년대 들어서면서 AI의 봄을 알리는 AI 창업 새싹이 여기저기서 움트기 시작했다. 초기의 새싹들을 가꾸고 키우는 데에는 정부의 임무 지향적 연구 개발도 중요한 역할을 했다.

이 시기 AI 창업 기업 중에는 팔란티어(Palantir Technologies)가 독보적이다. 팔란티어는 페이팔(PayPal)을 창업했던 피터 틸(Peter Thiel)이 2003년 5월 창업했다. 팔란티어라는 회사명은 톨킨의 '반지의 제왕'에 나온 세상을 감시하는 구슬인 '팔란티르'에서 따온 것이다. 이로부터 짐작할 수 있듯이, 틸은 페이팔에서 개발했던 지불 사기 검증 기술을 활용해 국가 안보 분야에서 테러 위협을 조기 탐지하는 회사를 만들고자 했다. 초기에 유수의 VC로부터 시장성에 대한 의심을 사서 틸의 자체 펀드와 CIA의 펀딩만을 받았던 팔란티어는 2025년 현재 생성 AI 붐과 더불어 폭발적인 성장을 하고 있다.

또 다른 중요 창업 기업으로 애플의 음성 인식 기능을 제공한 시리(Siri, 2007년 창업, 2010년 애플에 인수)가 있다. 시리는 2003년 DARPA의 CALO(Cognitive Assistant that Learns and Organizes) 프로젝트에서 시작됐다. CALO 프로젝트는 스탠포드 연구소(SRI)가 주관했는데 5년간 1.5억 달러(2000억 원 가량)가 투입되었고 당대의 각 분야 인공지능 연구자 500여 명이 27개 세부팀을 구성해 참여한, 인공지능계의 생명줄 같은 연구였다(Bosker, 2017). SRI는 CALO와 더불어 스마트폰 개념의 무선 전화기용 helper인 뱅가드 프로젝트를 동시에 추진하였다. 시리는 이 두 프로젝트에 모두 참여하였던 애덤 체이어(Adam Cheyer)가 모토롤라에 근무하다 퇴직한 대그 키틀로스(Dag Kittlaus) 등과 함께 설립하였다.

이 시기 1990년 중후반 설립된 인터넷 기업 구글과 아마존, 비디오 통신 대여 회사 넷플릭스(Neflix) 등도 AI 기술을 본격적으로 자사의 서비스 개발에 도입하고 있었다.

2010년~현재: AI 창업의 대폭발

2010년을 전후하며 딥러닝과 생성 AI 기술의 병목을 해결하는 방법이 빠른 속도로 제안되었다. 2006년 제프리 힌턴 교수 주도로 다층 신경망 학습에서의 역전파 효율 저하 문제를 해결하는 Deep Belief Network(DBN)를 제안하며 딥러닝(Deep learning)의 발전에 가속도가 붙게 되었다. 또한 2012년에는 역시 힌턴 교수 그룹에서 알렉스넷(AlexNet)을 통해 이미지 인식에 탁월한 성과를 보여주었다. 2014년에는 이언 굿펠로(Ian Goodfellow)가 서로 경쟁하며 학습하는 두 개의 신경망(생성자, 판별자)을 이용해 실제와 유사한 데이터를 만들어 내는 '생성적 적대 신경망(Generative Adversarial Network, GAN)'을 발표하며 생성 AI 시대 개막을 알렸고, 2017년에 구글에서 발표한 "Attention Is All You Need" 논문에서는 트랜스포머(Transformer) 아키텍처를 제안함으로써 거대 언어 모델(Large Language Model, LLM)의 가능성을 열었다.

이와 같은 새로운 기술적 발전은 AI 창업 기업에도 훌륭한 기회를 제공함은 물론이다. 이에 대한 전체적인 조감은 다음 장에서 AI 생태계를 제시하며 살펴본다. 이 중 주요 기업에 대해서는 3~6장에서 보다 깊이 설명한다.

2010년 런던에서 창업한 딥마인드는 딥러닝을 비디오게임과 바둑 등 게임에 적용하고자 하였고 2016년 알파고로 세상을 놀라게 하였다. 우리가 다 알고 있는

OpenAI는 2014년 실리콘 밸리에서 창업했다. 이 두 기업은 이 책의 3장에서 보다 자세히 설명한다.

그밖에 앤트로픽(Anthropic), 인플렉션AI(Inflection-AI), 허깅페이스(HuggingFace), 코히어(Cohere) 등의 걸출한 기업들은 4장에 보다 상세히 소개한다.

중국에서는 SenseTime(센스타임, 2014년 창업), Megvii(메그비, 2011년), Yitu Technology(이투, 2012년), DeepSeek(딥시크, 2023년) 등의 AI 기업이 창업해 정부의 막대한 지원과 큰 규모의 시장을 배경으로 무섭게 성장하고 있다. 이들 기업에 대한 소개는 5장에서 보다 자세히 한다.

한국에서는 AI 반도체 분야의 리벨리온(Rebellions, 2022년)과 사피온(Sapeon, 2016년), 수학 특화 LLM 콴다(Quanda, 2016년), 한국형 프론티어 모델로 각광을 받은 업스테이지(Upstage, 2020년), 영상 이해 분야에서 세계적으로 주목받는 기업으로 CB Insights 'AI 100'에 4년 연속 선정된 트웰브랩스(Twelve Labs, 2020년), 스마트폰 등에서도 실행 가능한 온-디바이스 AI 경량화 모델 기술을 개발하며 'AI 100'에 선정된 노타AI(Nota AI, 2015년), 뷰노(2014년)나 루닛(2013년)과 같은 의료 AI들이 주목받고 있다. 이들에 대해서는 6장에서 설명한다.

참고문헌

Bosker, B.(2017). SIRI RISING: The Inside Story of Siri's Origin – And Why She Could Overshadow The iPhone. HuffPost. https://www.huffpost.com/entry/siri-do-engine-apple-iphone_n_2499165

02
AI 창업 생태계

AI 창업 생태계는 AI 기술로 창업하려는 예비 창업자, 창업 기업들이 창업과 성장을 이루는 환경이다. 예비 창업자는 대학, 연구소, 대기업, 스타트업 등 다양한 경로를 통해 생태계에 유입된다. AI로 초기 창업한 기업들은 창업 지원기관, 대학이나 공공의 창업 보육기관 등을 비롯해 액셀러레이터 등 초기 투자 기관의 도움을 받아 초기 단계를 헤쳐 간다. AI 창업 생태계의 주요한 플레이어인 AI 창업 기업들을 AI 기술 관점에서 소개한다.

노래하는 AI 보컬?

AI 기술과 창업 생태계

AI 기술은 막대한 계산량과 데이터를 필요로 한다. 이를 떠받치기 위해서는 데이터 센터와 GPU 파워를 제공하는 물리적 계층, 이들 하드웨어를 서비스하는 클라우드 플랫폼 계층, 그리고 OpenAI의 GPT 시리즈나 앤트로픽(Anthropic)의 클로드(Claude)와 같은 파운데이션 모델(Foundation Models) 계층이 필요하다. 대부분의 AI 창업 기업들은 이들 계층의 요소 기술 중 특정 부분을 담당하거나, 이들 계층 위에서 특정한 기업, 산업, 시장을 대상으로 한 특화 응용 서비스를 제공하는 방식으로 사업 모델을 설정한다.

미국의 벤처 투자자 맷 터크(Matt Turck)는 2012년부터 2024년까지 10년째 MACHINE LEARNING, ARTIFICIAL INTELLIGENCE & DATA(MAD) LANDSCAPE라는 이름으로 AI 기업 생태계를 포괄적으로 조사해서 공개해 왔다. MAD 2024년 버전은 모두 2011개 기업을 포함한다. 이는 전년도보다 578개가 증가한 것이고, 원년인 2012의 139개에 비하면 14배 이상 증가한 것이다.

2024 MAD는 AI 기업을 모두 7개 영역으로 나눈다. 인프라, 분석(analytics), 머신 러닝과 AI, 응용 프로그램, 오픈소스 인프라, 데이터와 API, 데이터 및 AI 컨설

팅이다.

IBM, 아마존(AWS), 마이크로소프트, 구글, 오라클 등의 대기업 등은 거의 전 영역에 걸쳐 서비스를 하고 있는 AI '풀스택(Full stack)' 기업이라 할 수 있다. IBM은 7개 영역 모두를 사업 영역으로 가지고 있으며, 아마존, MS, 구글, 오라클은 데이터 및 AI 컨설팅만을 제외하고 나머지 6개 영역에서 존재감을 과시하고 있다.

AI 인프라 기술은 스토리지, 데이터레이크, 데이터베이스/웨어하우스, SQL 관련 기술, 개인정보 보호 기술, 하드웨어 기술 등을 포함한다. 인프라 분야에서는 위 풀스택 기업들 외에도 데이터베이스의 강자 SAP, 2012년 오라클 출신들이 창업해 6년 만인 2018년 유니콘에 등극한 AI 클라우드 솔루션 업체 스노플레이크(Snowflake)가 대표적인 기업이다. 데이터베이스 관련해서는 기존의 관계형 DB, NoSQL(MongoDB 등), NewSQL(MariaDB 등) 외에도 다양한 데이터모델(관계형, 문서형, 그래프형 등)을 하나로 통합하는 멀티모델 데이터베이스가 새롭게 부상하는 추세다. 한국에서는 네이버 클라우드나 LG CNS, KT, SK C&C 등의 데이터센터, 클라우드 사업이 이 영역에 해당한다.

분석 영역은 비즈니스 분석(Business Intelligence),

시각화, 고객 데이터/제품/기업 분석 등의 기술을 포함한다. 역시 IBM 등 풀스택 기업과 더불어 SAP, 비즈니스 데이터 분석의 강자 팁코 스팟파이어(Tibco Spotfire), 시각화 선도 주자 태블로(Tableau) 등의 기업을 주목할 만하다. 그러나 분석 영역은 생성 AI의 영향을 가장 크게 받을지도 모른다. 마이크로소프트의 코파일럿, OpenAI의 코드인터프리터 등은 누구나 일정 수준의 분석을 쉽게 할 수 있게 함으로써 기존 비즈니스 인텔리전스 업체의 강점을 희석시켜, 이른바 분석의 '민주화(democratization)'가 대세가 되고 있기 때문이다. 이 영역에서는 솔트룩스(Saltlux) 등 한국에도 몇몇 기업들이 있으나 성과가 아직 미미하고, 산업특화 분석 중심의 대기업 계열사들(제조 데이터 분야 포스코DX나 모빌리티 데이터의 현대오토에버 등)이 활동하고 있다.

머신 러닝과 AI(ML/AI) 영역은 데이터 사이언스 도구를 비롯해 다양한 머신 러닝과 AI 기술들을 포함한다. 위 5개 풀스택 기업 외에 OpenAI가 대표적이고, 한국의 많은 창업 기업도 이 영역에서 활동한다. 이 책에서 소개할 기업들을 포함한 주요 AI기업들(인플렉션AI, 앤트로픽, 어뎁트(Adept), 코히어, 미스트랄AI(MistralAI), 바이두(Baidu) 등)은 자신들만의 AI모델(Closed Source

Models)을 개발한 기업들이다. 또한 OpenAI, 메타, 마이크로소프트, 구글 등과 함께 상업적 AI 연구를 적극적으로 수행하는 기업들이기도 하다. 데이터 분석과 코딩 노트북의 주피터(Jupyter)와 아나콘다(Anaconda)나 SAS 등은 데이터 사이언티스트의 필수 도구가 된 지 오래다. 기업용 ML/AI플랫폼은 아마존 AWS, MS Azure, 구글 클라우드(Cloud) 외에 팔란티어와 데이터브릭스(Databricks)가 선두 주자다. 2013년 창업한 데이터브릭스는 1000억 달러(100조 원) 가치의 기업으로 평가받고 있다(Databricks, 2025). 자연어처리(NLP)에서는 이들 기업 외에도 허깅페이스가 AI 주요 모델과 코드, 데이터를 바탕으로 주목을 받고 있다. 스마트폰 등 이동형 기기에서도 활용 가능한 엣지AI(Edge AI) 분야에서는 한국의 노타AI(Nota AI)가 활동 중이다. 그밖에 AI 반도체 분야의 퓨리오사AI, 리벨리온, 사피온 등의 기업, 한국 대표 LLM 스타트업인 업스테이지, 솔트룩스 및 트웰브랩스 등도 이 영역에서 사업을 영위 중이다.

응용 프로그램은 AI를 기반으로 여러 분야에서 기업용, 산업용 솔루션을 제공하는 기술을 의미한다. 오라클, SAP 외에도 다양한 스타트업들이 기업의 영업, 마케팅, 고객 경험, 인사, 운영, 의사결정, 법무, 협력업체, 규제 준수, 재무 등 가치사슬 활동의 분야에서 전문성을 내세우며 치열하게 각축을 벌이고 있다. 다양한 응용프로그램에서 공통적으로 사용할 수 있는 앱을 제공하는 기업들은 자료원이나 기술별로 특화되어 있다. 예를 들어, 코드와 개발 문서를 관리해 주는 깃허브(GitHub), 문장과 문서 관련 교정 도구인 그래멀리(Grammarly), 프레젠테이션과 문서 디자인의 캔바(Canva)나 노션(Notion) 등이 있다. 또한 음향과 음성, 영상, 애니메이션, 검색 및 대화 등의 분야도 세분화된다. 산업별 응용프로그램에 속한 기업으로 지멘스(Siemens)와 같은 디지털 트윈 솔루션 제공업체, 한국의 현대자동차와 같은 자율주행 AI 서비스 개발 및 제공 업체, 스페이스엑스(SpaceX)같은 항공 우주 산업 기업들이 있다. 한국의 루닛, 뷰노는 의료 영상에 특화된 사업 모델로 성공을 거두고 있다. 전 산업에 걸쳐 활용되는 솔루션 제공기업으로는 팔란티어가 대표적이다.

오픈소스 인프라 개발 영역에서는 MySQL이나 MongoDB같은 오픈소스 데이터베이스, Python, NumPy, SciPy, GNU Octave와 같은 오픈소스 언어와 분석 도구, 텐서플로(TensorFlow), 허깅페이스, PyTorch와 같은 일반적인 AI 도구와 프레임워크 제공 기업들이

속해 있다.

그밖에 데이터와 API에서는 데이터를 수집하여 제공하는 풀스택 기업들과 스노플레이크 및 데이터브릭스 등이 주요한 플레이어다. 산업별로는 재무/시장 데이터 분야의 블룸버그(Bloomberg), 톰슨로이터(Thompson Reuters), 피치북(PitchBook), 크런치베이스(Cruchbase) 등이 대표적이며, 위치 데이터 분야 기업으로는 포스퀘어(Foursquare), ESRI 등이 있다. 마지막으로 데이터 및 AI 컨설팅 영역에서는 IBM을 비롯해 맥킨지(Mckinsey), 딜로이트(Deloitte), KPMG 등 주요 글로벌 컨설팅 업체들이 포진해 있다.

종합해 보면, 글로벌 AI 산업 생태계는 IBM과 같이 풀스택 기술과 사업을 보유한 거대 기업들과 특화 기술, 특화 솔루션으로 무장한 창업 기업들이 공존하고 있다는 특징을 갖는다. 한편, 한국의 AI 산업 생태계는 인프라, 분석, 오픈소스 인프라 개발, 데이터와 API 등 원천 기술이나 기초 체력이라 할 수 있는 부분에서는 매우 약한 모습을 보이고 있다. 한국 AI 생태계는 그나마 AI 기술로 단기간에 수익 모델을 창출할 수 있는 AI 응용 프로그램이나 머신러닝과 AI 기술에 집중되어 있다. 그중에서도 다양한 기술, 기업, 산업, 업무에서 활용될 수 있도록 범용성이 있는 기술이나 솔루션보다는 특정 업무, 특정 산업, 특정 기술에 특화된 솔루션에 사업의 초점을 맞추고 있다는 점이 특징이다.

AI 생태계의 글로벌 지정학

글로벌 AI 기술은 미국과 중국이 주도하고 있다. 미국은 민간 부문이 주도하는 시장 중심적 접근을, 중국은 국가가 주도하는 중앙 집권적 전략을 취하는 것을 특징으로 한다. 2024년 전 세계 AI 벤처 투자액 약 1100억 달러 중 미국이 814억 달러, 중국이 119억 달러, 한국이 3.3억 달러를 차지한 것으로 추산되어 AI 창업 생태계에서 차지하는 미국의 압도적인 위상을 실감할 수 있다 (TechMonitor, 2025; Tracxn, 2025).

미국은 빅 테크 기업, 세계 최고 수준의 대학, 그리고 깊이 있는 벤처캐피털 생태계의 삼각편대가 혁신을 주도하고 있으며, 2024년에는 40개의 주목할 만한 AI 모델을 발표하며 양적으로 중국을 포함한 다른 나라를 크게 앞섰다. 이러한 기술적 위상을 보호하기 위해 AI 확산 프레임워크(AI Diffusion Framework)를 설정해 GPU 등 AI 핵심 부품의 국가별 수출 통제도 계획했으나 트럼프 행정부가 들어서며 무산되었다.

중국은 이의 대척점에서 표면적으로는 개방적 기술 협력을 앞세우며 중국의 기술적 영향력을 확대하는 한편 '중국 제조 2025'와 같은 산업 정책과 475억 달러 규모의 반도체 펀드 조성 등 엄청난 투자와 연구 개발을 통해 AI 기술의 주도권을 잡으려고 하고 있다.

한국도 소버린 AI 확보 등 국가적 수준의 대규모 AI 투자를 계획하고 있으며, 이의 성공을 위해서는 건강한 AI 창업 생태계가 동반되어야 함은 당연할 것이다.

참고문헌

Databricks(2025). Databricks Surpasses $4B Revenue Run-Rate, Exceeding $1B AI Revenue Run-Rate. https://www.databricks.com/company/newsroom/press-releases/databricks-raising-series-k-investment-100-billion-valuation

TechMonitor(2025). Global AI venture capital reaches $110bn in 2024, driven by foundational models. https://www.techmonitor.ai/digital-economy/ai-and-automation/global-ai-venture-capital-110bn-2024-driven-foundational-models

Turck, M.(2024). Full Steam Ahead: The 2024 MAD (Machine Learning, AI & Data) Landscape. https://mattturck.com/mad2024/

03
딥마인드와 오픈AI

AI 창업의 GOAT(Greatest Of All Time)라 할 수 있는 걸출한 두 창업 기업의 창업 과정을 소개한다. 알파고로 충격을 주고 알파폴드로 노벨상을 수상한 구글 딥마인드와 챗지피티를 공개하여 생성 AI 혁명을 선도하고 있는 OpenAI가 바로 그들이다.

인공지능과 편향?

2024년 노벨 물리학상과 화학상은 모두 인공지능 기술에 돌아갔다. 물리학상은 원자 물리학과 통계 물리학의 원리를 활용해 딥러닝과 인공지능의 메커니즘을 개발한 존 홉필드 교수와 제프리 힌턴 교수가 수상했다. 화학상은 단백질 구조 해석 AI, 알파폴드2(AlphaFold2)를 개발한 공로로 구글 딥마인드(DeepMind)의 데미스 허사비스와 존 점퍼가, 단백질 설계 소프트웨어인 로제타(rosetta) 개발 공로로 데이비드 베이커 교수가 선정되었다.

딥마인드 창업자 - 데미스 허사비스

딥마인드는 허사비스가 2010년 런던에서 창업했다. 허사비스는 1976년생으로 4살 때부터 체스를 두기 시작해 13살 때는 전 세계 체스 마스터가 된 체스 신동이었다. 8살부터는 체스 경기 상금으로 받은 돈으로 컴퓨터를 구입해 독학으로 프로그래밍을 공부해 게임 개발을 시작했고 15살이 되던 해에는 세계적인 게임 개발사인 불프로그(Bullfrog)에 취업해 본격적으로 비디오 게임을 개발했다. 1994년 케임브리지대학 컴퓨터과학과에 입학하고 1997년 졸업하고는 엘릭서 스튜디오라는 게임 개발사를 창업했다. 여기서 허사비스는 인공지능을 구현한 리퍼블릭과 이블 지니어스 등을 출시했으나 2005년 회사를 그만 두고 유니버시티 칼리지 런던(UCL)의 인지신경과학과 박사과정에 진학한다. UCL 계산 인지신경과학 유닛은 영국의 슈퍼마켓 세인즈버리(Sainsbury's)로 큰돈을 번 존 세인즈버리 경이 설립한 개츠비 재단의 후원을 받아 1998년 설립됐다. 이 유닛의 초대 디렉터가 바로 제프리 힌턴이었다.

딥마인드 창업과 발전

허사비스는 2010년 딥마인드를 창업한다. 창업팀은 UCL에서 만난 신경과학 박사 셰인 레그(Shane Legg)와 동생의 친구이자 옥스퍼드 대학을 중퇴하고 국제분쟁 컨설팅 활동을 하고 있던 무스타파 슐레이만(Mustafa Suleyman)이었다. 허사비스는 창업 초기부터 실리콘 밸리 벤처 캐피탈의 전략적 투자 유치를 생각했다. 딥마인드와 같은 연구기반 창업(또는 딥테크 창업)은 10년, 1000배 회수를 목표로 해야 하는데 유럽의 벤처 투자자들은 모두 3~5년, 10배 회수 공식에 매몰되어 있다고 판단했기 때문이다. 마침 딥마인드는 실리콘 밸리의 억만장자이자 페이팔의 창업자인 피터 틸(Peter Thiel)이 주최한 스타트업 컨퍼런스에 참석하게 되었다. 여기서 피터 틸에게 체스 전략을 중심으로 한 1분 피칭 후 200만 달러가량의 투자를 유치했다. 이후 딥마인드는 구글, 페이스북, 일론 머스크(Elon Musk), Horizons Ventures, Founders Fund, 스카이프 창업자 자안 탈린(Jaan Tallinn) 등에게 5000만 달러 이상의 투자를 유치하게 된다. 놀라운 것은 이때까지 어떤 서비스나 제품도 출시하기 전이라는 것이다. 결국, 2014년에 구글이 4억 파운드(한화 약 7500억 원)에 딥마인드를 인수하게 된다. 구글에 인수된 후에는 2015년 알파고, 2018년 알파폴드, 2020년 알파폴드2를 공개하며 놀라운 행보를 이어가고 있는 것은 이미 잘 알고 있는 사실이다.

OpenAI의 창업자들

OpenAI는 2015년 스타트업 액셀러레이터 Y Combinator(YC) CEO인 샘 알트먼(Sam Altman), 일론 머스크, SaaS 솔루션 제공 스타트업 스트라이프(Stripe)의 CTO였던 그렉 브록먼(Greg Brockman), 제프리 힌턴과 AlexNet을 공동 개발했던 토론토대학 박사 일리야 수츠케버(Ilya Sutskever) 등이 의기투합해 창업했다. 초기 투자는 피터 틸, YC 창업자 제시카 리빙스턴 등 실리콘 밸리의 거물들과 마이크로소프트, 아마존 등 거대 테크 기업들이 참여했다. OpenAI는 일반 인공지능(General AI)의 안전한 사용을 목표로, AI를 단기 수익보다는 인류에게 도움이 되는 방향으로 개발·활용해야 한다는 철학을 바탕으로 비영리 회사의 형태로 설립되었다.

샘 알트먼은 1985년생 스탠포드대학 컴퓨터학과 중퇴자로 19살인 2005년 모바일 소셜 네트워크 앱 개발사인 루프트(Loopt)를 창업해 7년간 운영했다. Loopt는 결과적으로 실패했지만 알트먼에게는 이 과정이 인생의 전환점이 됐다. YC의 초기 코호트 투자사로 7년간 YC 경영진과 친분을 쌓고 경영 수업을 받다 보니, Loopt가 정리될 즈음인 2011년 YC의 파트너로, 2014년에는 대표가 되어 투자자로 변신하게 된 것이다. OpenAI에서는 CEO겸 일론 머스크와 함께 이사회 공동의장을 맡았다.

그렉 브록먼은 1987년생 화학 올림피아드 수상자 출신으로 하버드대와 MIT대를 중퇴하고 2010년 스트라이프에 CTO로 참여해 회사를 크게 성장시켰다. 스트라이프가 4명 규모에서 250명 규모로 성장하고 나자 브록먼은 인간다운 AI에 평생을 걸고 싶은 도전 의식에 회사를 떠나고자 하였다. 이때 브록먼은 스트라이프에 투자하고 있던 YC의 샘 알트먼과 면담을 하였고 AI 창업에 관해 서로의 의기가 투합함을 알게 되었다. OpenAI에서는 CTO 역할을 수행했다.

일리야 수츠케버는 1986년생으로 제프리 힌턴을 지도 교수로 2013년 토론토대학에서 박사학위를 취득했다. 수츠케버는 2012년 컴퓨터 비전 분야 딥러닝 혁명을 촉발했던 AlexNet과 CNN 기술의 개발에 큰 역할을 했다. 이 와중에 힌턴 교수와 공동창업한 DNNResearch에 잠시 몸담았다가 Google Brain에 참여해 텐서플로와 알파고 등의 개발에 기여했다. 2015년 구글을 떠나 OpenAI에는 최고과학자(Chief Scientist)로 참여했다.

OpenAI의 창업과 발전

AI 창업 현장에서 현재도 굵직굵직한 역할을 하고 있는 이들이 만나게 된 건 2015년 8월 일론 머스크와 함께했던 저녁식사 자리였다. 이 자리에서는 일론 머스크와 샘 알트먼이 '안전한' AI의 미래 비전을 제시하고 이 분야 최고 엔지니어인 브록먼과 수츠케버가 기술적인 가능성을 이야기하며 OpenAI 창업의 기초 아이디어를 교감했을 것으로 보인다. 실제로 브록먼의 증언에 따르면, OpenAI 창업에 대한 공감은 이 저녁 후 알트먼이 브록먼을 집에 태워 주는 차 안에서 이루어졌다고 한다. 이후의 과정은 일사천리로 진행되었다. 11월까지 브록먼을 중심으로 창업팀에 참여할 최고의 인재들을 설득하고 채용하는 작업이 진행되었고, 12월 11일 NIPS(신경정보처리시스템: Neural Information Processing Systems) 학회에서 OpenAI의 창업을 선언하게 된다. 투자 약정액은 10억 달러에 달했으나 어쨌든 초기 투자비(비영리기구이므로 기부금이라 할 수도 있다)는 1.3억 달러(1800억 원 가량)를 확보했다.

OpenAI의 첫 번째 회의는 2016년 1월 브록먼의 집 거실에서 진행되었다. 현재 OpenAI의 위상과 참여한 인재들의 명성에는 걸맞지 않게, 그러나 전형적인 실리콘 밸리 스타트업답게 매우 소박한 시작이었다. 시작은 소박하였으나 이후의 과정은 딥마인드와 비슷하게 엄청난 속도로 기술을 개발하고 창대한 규모로 성장하였다. 몇 가지 중요한 마일스톤만 보자면, 마이크로소프트가 2019년 10억 달러, 2021년 20억 달러를 후속 투자하였고 2022년 11월 ChatGPT 3.5를 공개하며 생성 AI에 대한 엄청난 반향을 불러일으켰다. 2023년 마이크로소프트는 추가로 100억 달러 투자를 약속하였다.

2025년 8월 현재 OpenAI의 기업 가치는 5000억 달러(약 700조 원) 이상이 될 것으로 추산된다.

딥마인드와 OpenAI의 기묘한 인연

두 창업 기업 간에는 기묘한(?) 연결점이 있다. 둘 다 제프리 힌턴이 간접적으로 관여(딥마인드는 UCL의 게이츠 신경과학 연구 유닛, OpenAI는 힌턴의 제자인 수츠케버의 창업팀 참여)되어 있다. 둘째는 AI 분야 당대 최고의 인재와 천재들이 의기투합을 했었던 것이다. 세 번째는 실리콘 밸리의 투자를 유치한 것이다. 런던에서 시작한 딥마인드조차도 말이다. 네 번째는 구글, 마이크로소프트와 같은 테크 자이언트의 투자와 관심을 진작부터 받았던 것이다. 마지막으로, 두 곳 모두 일론 머스크가 관여되어 있었다.

04
미국의 AI 창업

딥마인드에 이어 OpenAI의 창업과 발전이 촉발한 생성 AI 산업은 2020년대에 접어들며 폭발적으로 성장했다. OpenAI가 ChatGPT를 통해 전 세계적으로 돌풍을 일으킨 이후, 단기간에 천문학적인 투자금과 유저들이 모이며 다양한 AI 스타트업이 부상했다. 신생 AI 기업들은 기술력뿐만 아니라 창업자들의 스토리, 투자 규모 등에서 깊은 인상을 남기며 성장하고 있다.

청각장애인과 AI?

앤트로픽: AI 안전성의 기준

앤트로픽은 대화형 LLM 서비스 형태의 클로드(Claude)를 개발, 운영하는 스타트업이다. 대표자인 다리오 아모데이(Dario Amodei)와 그의 동생인 다니엘라 아모데이(Daniela Amodei)를 비롯해 OpenAI 출신 멤버들이 퇴사하며 공동 창업한 기업이다. OpenAI가 초기 비영리 조직으로 시작했지만 마이크로소프트로부터 거액의 투자를 받으며 영리를 추구하는 상황이 되자 비영리를 추구했던 이들이 중심이다. 이러한 기조를 따라 앤트로픽의 사명에는 'PBC(Public Benefit Corporation)'가 붙어 있다. 사회적 기업이라는 의미다. 신뢰할 수 있는 AI를 구축하는 것이 앤트로픽의 목표다. 2025년 3월 기준, 이들의 기업 가치는 615억 달러 규모다.

앤트로픽이 개발한 클로드는 자연어 처리와 질의응답, 요약, 코딩 등 폭넓은 언어 기반 작업 전반에서 OpenAI의 ChatGPT와 경쟁한다. 특히 잘못된 정보 방지, 사용자 맞춤형 응답, 안전 제어 기능 등이 강조되면서 높은 신뢰도를 쌓은 것이 특징이다. 인공지능의 윤리적 사용과 이를 위한 개발에 신경을 쓰는 만큼, 개발 과정에 꼭 지켜야 할 원칙을 제시하고 모델을 학습하겠다는 '헌법(Constitutional AI)' 선언을 한 부분, AI가 사용자와의 대화 중 고통을 느끼면 종료할 수 있는 기능을 추가한 것도 화제다. 앤트로픽은 현지 시간 2025년 8월 16일, 클로드 오퍼스 4와 오퍼스 4.1 모델이 고통스러운 상호작용을 중단할 수 있도록 허용한다고 밝혔다. 이러한 접근들이 앤트로픽이 미국 AI 창업 생태계에서 차세대 ChatGPT라 불릴 만큼 존재감을 갖게 된 배경이다.

인플렉션AI: 개인 AI의 새 지평

두 명의 스타 창업자의 창업으로 초기부터 주목받은 인공지능 기업이 있다. 인플렉션AI다. 데미스 허사비스와 함께 딥마인드를 창업했던 무스타파 슐레이만, 페이팔, 링크드인, OpenAI 등 거대 테크 기업을 연쇄 창업한 리드 호프만이 함께했기 때문이다.

창업자들의 네임 밸류뿐 아니라, 이들의 투자 유치 소식도 화제였다. 리드 호프먼이 직접 파트너로 참여하고 있는 VC인 그레이록 파트너스(Greylock Partners)에서 초기 자금을 수혈한 데 이어 2022년 2월 창업 이후 2023년 5월 첫 투자 라운드부터 12억 달러의 기업 가치를 인정받고 단숨에 유니콘 기업에 등극했다. 투자자들의 라인업도 지나칠 수 없다. 마이크로소프트는 물론, 빌게이츠, 에릭 슈미트, 데미스 허사비스에 이어 엔비디아까지 참여했기 때문이다.

인플렉션AI의 대표 서비스는 LLM 기반 개인용 AI 비서(agent) 'Pi'. '감정 인식'의 중요성을 내세우는 것이 특징인 만큼 사용자의 감정 이해도와 맥락 기억력이 높고 친근한 방식의 대화를 유도해 화제가 됐다. 이를 토대로 모델 경쟁 대열에 합류하는 것처럼 보였으나, 마이크로소프트가 2024년 3월 술레이만을 신설 인공지능 그룹에 영입했고 이후 인플렉션의 모델에 접근하기 위해 6억 5000만 달러에 인력과 기술을 인수하면서 기업용 솔루션 개발에 매진하는 형태로 전략을 변경했다. 이후 사실상 마이크로소프트의 서비스 강화에 활용되는 모양이지만, AI 분야 거물들의 신규 창업과 거대 기술 기업의 빠른 흡수 사례로 주목할 만하다.

퍼플렉시티: AI 검색의 새로운 도전

퍼플렉시티(Perplexity)는 기존 검색 시장의 거인인 구글에 정면으로 도전장을 던진 AI 스타트업이다. 2022년 8월 창업한 이 회사는 사용자가 질문한 내용에 대한 답을 요약해서 보여주고 출처까지 함께 제공해 각광받았다. 단순히 링크를 나열하는 기존의 검색 엔진과 달리, 필요한 정보를 즉각 얻고 싶어하는 사용자들의 수요를 충족

시키며 새로운 검색 패러다임을 제시했기 때문이다.

퍼플렉시티의 창업자는 아라빈드 스리니바스(Aravind Srinivas). 스리니바스는 OpenAI의 연구원 출신으로, 2017년부터 2021년까지 OpenAI에서 일하며 AI 상용화 과정에 경험을 쌓았다. 이를 바탕으로 AI를 검색 시장에 접목하는 창업을 시도한 것이다. 퍼플렉시티가 갖는 기술적 특징은 RAG(Retrieval-Augmented Generation) 방식을 활용해 최신 정보를 실시간으로 검색하면서도 환각 현상을 최소화 한다는 것. 또한 출처를 명시해 신뢰성을 높이는 검색 경험을 제공한다는 점이다. 퍼플렉시티의 기업 가치는 2025년 7월 기준 약 180억 달러. 아마존 창업자인 제프 베이조스와 엔비디아, 데이터브릭스 등으로부터 투자를 유치했다.

스케일AI: 새롭게 나타난 젊은 스타 창업자들

미국 AI 창업 생태계에서 스케일AI의 성장 역시 빼놓을 수 없다. 스케일AI는 AI를 위한 데이터 인프라를 제공하는 기업이다. 자율주행과 로봇, 음성, 이미지 등 여러 분야에서 필수적인 데이터를 제공하면서 빅 테크 기업은 물론 미국 국방부까지 고객사로 두고 있다. 기업 가치는 2025년 현재 약 290억 달러에 달하며, 2025년 6월 메타

(Meta)가 이 기업 가치로 143억 달러를 투자해 지분의 49%를 인수했다.

특히 스케일AI는 창업자들의 스토리가 화제다. 1997년생으로 MIT에서 수학을 전공하다가 AI 발전의 핵심이 데이터라벨링임을 깨달아 자퇴하고 창업한 알렉산더 왕(Alexander Wang), 그리고 틸 펠로십(Thiel Fellowship)에 선정되며 카네기멜론 컴퓨터공학 전공을 중퇴한 루시 궈(Lucy Guo)가 공동 창업했기 때문이다.

알렉산더 왕은 스케일AI로 최연소 자수성가형 억만장자 반열에 올랐고, 루시 궈는 포브스 선정 '최연소 자수성가 여성 억만장자' 타이틀뿐만 아니라 인플루언서이며, 두 번째 스타트업(Passes)까지 연쇄 창업(2022년)하며 미국은 물론 글로벌 스타트업 신에서 젊은 여성 롤 모델로 각광받고 있다. 빅 테크 기업 출신, 이미 성공한 연쇄 창업자 출신들 사이에서 떠오르는 스타 창업자들로 새로운 세대의 등장을 상징하는 얼굴인 셈이다.

OpenAI 마피아 효과와 생태계 확장

이러한 미국의 AI 창업 생태계에서 주목할 만한 부분은 OpenAI와 출시 인재들이 만들어 내는 파급력이다. OpenAI는 ChatGPT 자체로 AI 산업의 성장을 견인했을

뿐 아니라 다수의 연구원과 임원이 새로운 창업에 나서며 '오픈AI 마피아'를 탄생시켰다. 앞서 설명한 앤트로픽을 창업한 아모데이 남매, 퍼플렉시티(Perplexity)를 창업한 아라빈드 스리니바스뿐만 아니라 SSI(Safe Superintelligence Inc.)를 창업한 일리야 수츠케버(OpenAI 공동 창립자이자 수석과학자 출신), 싱킹 머신랩을 창업한 미라 무라티(OpenAI 최고기술책임자 출신) 사례가 대표적이다.

이처럼 OpenAI를 거친 인물들이 설립한 스타트업들은 글로벌 투자와 인재 유치, 대중적 파급력까지 연결하며 AI 생태계를 확장하고 있다. 이는 과거 페이팔 출신들이 팔란티어, 유튜브, 링크드인 등 다양한 테크 기업을 설립하며 페이팔 마피아로 불렸던 현상의 AI 버전으로 볼 수 있다. 또한 미국의 AI 창업 생태계가 OpenAI 이후 기술력뿐만 아니라 다양한 창업자들과 네트워크, 이들의 사회적 책임까지 융합하며 크게 확장되고 있다는 점도 주목할 만하다. 여전히 실리콘 밸리 중심으로 미래를 만들어가는 중에도, 각자의 철학을 바탕으로 창업에 나서는 모습이 그 역동성을 상징하는 모습이기 때문이다.

05

중국 등 해외 AI 창업

2024년에는 글로벌 전체에서 AI 분야의 벤처 투자가 사상 최고치를 기록했다. 2024년 글로벌 AI 벤처 투자의 74%는 미국이 차지했고($80.8B) 유럽이 $12.8B, 중국이 $7.6B 규모로 그 뒤를 이었다. 이 과정에서 유럽은 '주권형 AI'의 가속화, 중국은 초저비용, 고성능 모델을 필두로 한 '내수-국가 전략'의 결합으로 각자의 성장 곡선을 그리고 있다. 투자 규모로는 미국의 절반에도 못 미치지만, 최근 2년 사이에는 특정 국가에서 세계 시장을 놀라게 한 사례들이 중요한 특징이다.

AI 콘텐츠 크리에이터?

거대 자본과 국가 전략의 실험장, 중국

중국은 지정학적 요인으로 인해 미국의 오픈소스 생태계와 클라우드 자원 접근에 제약을 가진 국가다. 그럼에도 불구하고 정부 차원의 전략적, 정책적 투자가 강하게 결합된 생태계를 만들어 내고 있다. BAT(Baidu, Alibaba, Tencent) 등의 빅 테크와 정책 자본, 지방 펀드가 창업을 견인하는 중국의 환경은 공급망과 시장, 정책의 유기적 성장을 보여주는 대표적 사례다. 여기에 정책 주도의 데이터 수집을 통한 낮은 단가와 대규모 추론 등은 중국만이 가질 수 있는 강점을 보여준다.

이러한 중국 생태계에서 가장 파장을 크게 일으킨 기업은 딥시크(Deepseek)다. 2024년 12월, 80억 원 정도의 적은 비용으로 개발된 딥시크의 V3 모델이 높은 성능을 보이며 전 세계를 놀라게 했다. 특히 OpenAI와 같이 영미권에서 천문학적인 투자를 뒷받침해 모델을 개발하는 상황에서 저비용으로 고성능 모델을 만들었다는 점은 큰 파장을 불러일으킬만한 일이었다. 성장세는 폭발적이었다. 출시한지 몇 주 만에 일일 활성사용자(DAU)가 3000만 명을 돌파했으며, 2025년 1월 기준 월간 활성사용자(MAU) 3370만 명으로 글로벌 4위 AI 앱에 등극했다.

흥미로운 점은 대부분의 AI 기업들이 벤처 투자와 함께 크게 성장할 수 있었는데, 딥시크의 경우 전통적인 벤처 투자를 하나도 받지 않았다. 창업자인 량원펑은 중국의 헤지펀드 기업인 환팡퀀트의 대표이기도 하다. 머신러닝을 이용해 투자하는 자산관리 기업으로 크게 성공했으며, 회사의 인공지능 개발을 위해 전담 부서를 설치했고 이 부서가 딥시크의 기초가 됐다. 이 헤지펀드의 수익으로 딥시크는 개발 비용을 100% 자가 수혈했으며, 창업자 지분을 84% 유지하고 있다. 벤처 투자를 받지 않아 공식적으로 기업 가치를 집계하기는 어렵지만, 자체 자금 조달로 이 정도 규모로 성장한 이례적인 스타트업이다.

문샷AI(Moonshot AI)는 딥시크와는 다르게 2024년 2월, 중국의 대표적 빅 테크 기업인 알리바바가 주도한 10억 달러 규모의 투자로 기업 가치 25억 달러를 인정받으며 성장한 기업이다. 문샷의 강점은 장문의 텍스트와 데이터를 처리할 수 있다는 점이다. 2023년 10월 문샷이 중국에서 발표한 첫 번째 챗봇인 Kimi는 단일 대화에서 20만 개의 중국어 문자를 처리할 수 있다고 알려져 있다. 문샷의 창업자는 양지린. 칭화대학교를 졸업하고 카네기멜론에서 박사 학위를 받았다. 박사 과정 도중 이미 리커런트AI라는 회사를 창업한적 있으며, 이 회사에서 함께 LLM을 개발해 온 멤버들이 문샷에 합류했다. 구글에서 제미나이와 바드를 개발한 멤버들도 다수 포함된 것으로 알려져 있다.

중국 정책과 내수 축과 함께 성장하는 대표적인 기업 사례는 바로 바이추안AI(Baichuan AI)다. 2023년 4월 설립한 바이추안은 설립 6개월 만인 2023년 10월, 알리바바와 텐센트, 샤오미 등 IT 대기업을 비롯한 투자 기관들로부터 시리즈 A 라운드, 3억 달러 규모의 투자를 받았고, 2024년 7월에는 6억 9100만 달러 규모의 투자를 유치했다. 바이추안AI는 앞서 언급한 문샷과 더불어 지푸(Zhipu Ai), 미니맥스(MiniMax)와 함께 중국의 '4대 AI 호랑이' 기업으로 불리고 있다. 그리고 이 네 기업에 모두 투자한 곳은 알리바바다.

앞서 설명한 바와 같이 미국의 제재로 인해 중국 투자자들이 미국에 투자를 할 수 없고, 미국에서 중국으로의 인공지능 칩 수출 통제가 강화되는 등의 규제가 강화되면서 많은 투자가 중국 현지로 몰린 것도 한 몫 했다는 해석이다. 알리바바는 투자 외에도 자체적으로 개발한 오픈소스 AI 모델 '큐원(Qwen)'의 성장, 그룹의 모태 사업인 온라인 커머스 분야의 AI 활용 등으로 스스로도 성장하며 중국의 AI 성장을 크게 견인하고 있다.

윤리적 사용과 개방성 중심의 유럽

유럽은 도널드 트럼프 미국 대통령의 두 번째 임기 시작 이후 미국 기술 기업에 대한 의존도를 줄이고 '디지털 주권(digital sovereignty)'를 강화하는 데 주력하고 있다. 따라서 유럽의 인공지능 주권에 대한 논의는 단순한 AI 기술의 자립을 넘어 데이터를 유럽 내에서 저장, 처리하며 윤리 및 안전 규정을 지키도록 하고, 개발과 운영 주권을 가지며 동시에 미국과 중국식 모델과는 구별되는 유럽 고유의 가치(프라이버시와 투명성, 차별 금지, 설명 가능성 등)을 적용하고 EU AI Act를 따르게 하는 것을 의미한다.

이러한 배경에서 성장한 유럽의 대표적인 인공지능 기업은 프랑스에서 창업한 미스트랄AI(Mistral AI)다. 구글 딥마인드와 메타의 파리 연구소에서 근무하던 임직원들이 2023년 설립한 미스트랄은 창업 이후 6개월 만에 유럽과 미국 벤처 투자사로부터 1억 유로 규모의 투자를 유치했고, 같은 해 12월 앤드리슨 호로위츠와 세일즈포스 등으로부터 3억 8500만 달러의 투자를 유치하며 유니콘 기업에 등극해 '유럽형 OpenAI'로 불린다. 한편 2024

년 초 마이크로소프트로부터 1500만 유로 규모의 투자를 받으며 소수 지분에 대한 파트너십을 맺게 됐는데, 이 파트너십을 통해 EU에서 반독점 규제를 위반한 것이 아닌지에 대한 조사가 진행되기도 했다. 영국 경쟁시장청(CMA)에서도 이에 대해 조사한 바 있으며, 결론적으로 단순 투자로 결론지었다.

독일에는 '설명 가능성(Explainability)'과 데이터 보안을 강점으로 내세우는 '알레프 알파(Aleph Alpha GmbH)'가 대표적인 인공지능 스타트업으로 꼽힌다. 알레프 알파는 SAP과 애플을 거친 요나스 안드룰리스(Jonas Andrulils)가 2019년에 설립한 회사다. 알레프 알파는 자체 모델인 루미너스(Luminous)를 개발했다. 영어와 독일어, 프랑스어, 이탈리아어, 스페인어 텍스트를 처리할 수 있고 이미지 입력도 가능한 멀티모달 모델로, 미국이 아닌 유럽에 기반을 둔 데이터를 활용한다는 점에서 유럽의 디지털 주권 개념을 잘 살린 모델이라고 평가받는다. 뿐만 아니라 웹에서 무차별적으로 수집한 데이터를 학습하는 기존의 LLM과는 달리, 저작권 및 데이터 개인정보보호법을 준수하도록 훈련 데이터를 선별했다는 점도 강조하고 있다. 2024년 8월에는 이 같은 강점을 내세워 비상업적 연구 및 교육 용도로만 활용 가능한 공학 전문 LLM '파리아(Pharia)' 모델을 내놓기도 했다.

유럽 대륙 최대 AI 시장, 영국

한편 유럽연합에 묶여있지는 않지만, 유럽 대륙 내에서 최대 AI 시장을 보유한 국가는 단연코 영국이다. 영국 기술 창업 생태계 지원 기관인 Tech Nation의 리포트에 따르면, 2025년 1분기 기준으로 영국의 AI 스타트업 생태계는 총 기업 가치 2300억 달러 규모로 독일과 프랑스를 합친 규모를 뛰어넘어 유럽 최대 AI 시장으로 평가받는다. 2024년에는 영국의 AI 스타트업들이 총 43억 달러의 투자를 유치했고, 이는 전체 영국 벤처 투자 유치 규모의 27%에 해당했다. 2025년 1월, 영국 정부는 영국 전역에 있는 데이터센터 용량을 늘려 AI 학습을 지원하기로 했으며, AI 성장 구역 설정, AI 에너지 위원회 설립 등 정책적인 움직임으로 오픈AI에 도전할 대표 기업을 키우겠다고 발표하기도 했다.

영국의 대표적인 AI 기업은 AI 기반 자율주행 소프트웨어 스타트업을 개발하는 웨이브(Wayve). 2024년 5월 소프트뱅크 그룹이 주도하고 엔비디아와 기존 투자자인 마이크로소프트 등이 이어 참여한 투자 라운드에서 10억 5000만 달러 규모를 조달해 누적 13억 달러 규모의 투자를 받았다. 이는 영국 AI 기술 기업의 투자 유치 규모로 최대 기록이었다. 그 외에도 런던에 본사를 둔 제조 공정, 방위 산업 혁신을 위한 AI 기술 개발 기업인 피직스X(PhysicsX)도 주목할 만하다. 르노 포뮬러원(F1)과 메르세데스 벤츠 F1에서 R&D 책임자를 역임하고 벤틀리 모터스의 차량 기술 이사를 역임한 로빈 틀루이(Robin Tuluie)와 르노 F1의 최고 레이스 전략가 출신 야모코 코르보가 2019년 창업한 기업이다. 이들은 AI 기반으로 제조 공정 전반을 시뮬레이션하는 기술을 개발하고 있으며 항공 및 우주 분야, 재료 과학 분야 등에 폭넓게 적용시키며 2025년 6월, 1850억 원 규모 투자를 유치하기도 했다.

이처럼 중국은 거대 내수와 정책 주도형 자본을 기반으로 초저비용 · 고성능 모델을 내세우며, 유럽은 주권성과 윤리적 가치에 기반한 AI 생태계를 구축하고, 영국은 다채로운 산업 적용을 통해 유럽 최대의 시장으로 부상하고 있다. 각국은 미국에 비해 절대적인 투자 규모는 작지만, 저마다의 강점을 발판으로 세계 AI 패러다임 전환에 기여하고 있다. 이는 단일한 실리콘 밸리 중심 구조에서 다극적이고 차별화된 글로벌 AI 창업 지형으로 확장되고 있음을 보여준다.

참고문헌

AI Matters(2025). ""AI가 회사 바꿨어요" 영국, 유럽 AI 1위 찍었다… 생성형 AI 투자만 3배 폭증". https://aimatters.co.kr/news-report/ai-report/19451/

Dealroom.co. https://dealroom.co/

06
한국의 AI 창업

글로벌 AI 벤처 투자가 미국을 중심으로 폭증하는 가운데 한국 역시 그 규모는 작지만 꾸준한 성장 궤도를 그리고 있다. 중소벤처기업부에 따르면 2020년 3435억 원 규모였던 국내 벤처 투자는 2024년 9694억 원 수준으로 증가했다. 특히 국내 딥테크 10대 분야에 대한 벤처 투자가 2023년 대비 34% 증가한 상황에 인공지능 분야 투자가 2위를 차지했다는 점은 한국 인공지능 창업 생태계의 성장 모멘텀을 보여준다.

AI와 민주주의?

한국 AI 창업의 특징은 몇 가지로 요약할 수 있다. 첫째, AI 반도체 분야의 성장이다. 반도체 제조 강국이라는 배경 위에서 AI 칩을 개발하는 스타트업들이 잇달아 등장했다. 둘째, 경량화, 특화형 모델이 갖는 강점이다. 초거대 모델 분야에서 글로벌 빅 테크 기업과의 경쟁보다는 온디바이스 및 현장 활용이 용이한 경량형, 도메인 특화 모델이 각광받고 있다. 셋째, 산업 현장 중심의 응용이다. 한국은 의료와 교육, 제조, 콘텐츠 등 다양한 산업 분야에서의 디지털 전환 수요가 크고, AI 스타트업들이 이를 빠르게 채워나가고 있다.

또한 한국의 AI 생태계는 네이버와 카카오 등과 같은 IT 대기업 주도의 혁신이 맞물리며 형성되고 있다는 특징을 갖는다. 이러한 기업들과 스타트업, 정부 정책이 연결된 유기적 구조를 보여주고 있으며, 정부 차원에서 국가인공지능위원회 설립, AI 대전환 15개 과제 발표 등을 통해 AI를 통한 경제 성장을 구상하고 있다.

반도체 강국의 새로운 도전, AI 칩 스타트업

한국 AI 창업에서 독자적으로 성장하고 있는 대표 영역은 AI 반도체 시장이다. 글로벌 AI 반도체를 엔비디아가 지배하고 있으나, 국내에서도 크게 성장한 스타트업들이 등장하며 글로벌 시장까지 많은 관심을 받고 있다. 대표적인 사례가 리벨리온과 퓨리오사AI다.

2020년 설립한 리벨리온은 인텔, 스페이스X 등에서 엔지니어로 근무했던 박성현 대표를 비롯한 공동창업자들이 모여 설립했다. 2024년 8월에는 아람코로부터 약 3000억 원의 투자를 유치했고, 2024년 12월 리벨리온은 또 다른 토종 AI 반도체 기업인 사피온코리아와 합병하며 1조 3000억 원의 기업 가치를 인정받았다. 리벨리온은 기존 2대 주주로 KT를 두고 있었고, 사피온코리아의 경우 SK텔레콤의 자회사였다는 점에서 이 합병으로 국내 양대 통신사를 우군으로 확보했다는 점도 시장에서 더 큰 성장을 기대하게 했다(이병찬, 2025). 이후 불과 8개월 만인 2025년 7월, 2500억 원이 불어난 1조 5500억 원 규모의 기업 가치로 Pre-IPO 라운드의 2000억 원 규모 투자 유치를 진행하고 있다고 알려져 있다(김종용, 2025).

퓨리오사AI는 2017년 설립한 토종 AI 반도체 스타트업으로 2025년 7월, 시리즈C 브릿지라운드에서 총 1700억 원 규모 투자를 유치하며 기업 가치 1조 원을 돌파해 유니콘 반열에 등극했다. 특히 퓨리오사AI가 대중적으로도 크게 알려진 계기는 2025년 연초, 글로벌 빅 테크 기업인 메타의 인수 제안을 거절하면서다. 당시 메타에서는 8억 달러(한화 약 1조 1016억 원)를 인수 규모로 제안했다고 알려져 있었지만 독자 생존하겠다는 의지를 밝혔다. 한편 이는 퓨리오사AI에 호재로 작용해, 큰 규모의 기업 가치를 인정받는데 밑거름이 됐다.

퓨리오사AI와 리벨리온 모두 제품을 양산, 상용화하는 단계에 돌입했다고 알려져 있다. 퓨리오사AI의 경우 2세대 반도체인 '레니게이드'를 LG AI연구원의 AI 모델인 엑사원에 공급했고, 리벨리온도 데이터센터용 NPU '아톰'을 SK텔레콤에 공급하고 삼성전자와 협력한 2세대 칩을 개발 중인 것으로 알려졌다. 또한 두 기업 모두 정부의 '소버린 AI(AI 주권)' 정책 수혜를 입을 것으로 기대되고 있어, 공공 수요 연계와 실증 확산 등을 넘어 대규모 도입으로 이어질 기대감이 높아진 상황이다.

모델 경량화와 기업 솔루션형 AI 스타트업

초거대 AI 모델 경쟁에서 자본 규모로는 뒤처질 수밖에 없지만, 한국 스타트업들은 각자의 강점을 내세워 경량화 모델과 도메인 특화 AI 등으로 크게 성장하고 있다. 그중 글로벌 시장 조사기관 CB 인사이트(CB Insights)의 AI 100에 이름을 올리며 주목받은 대표적인 경량화 기업은 노타AI(2015년 창업)다. 독자 개발한 AI 모델 최적화 플랫폼 '넷츠프레소(NetsPresso®)'를 중심으로 자원 제약이 큰 엣지 디바이스에서도 고성능 AI 모델을 효율적으로 구동할 수 있는 기술을 제공하고 있다.

노타는 카이스트 인공지능연구소에서 창업한 기업이다. 처음에는 스마트폰 오타를 보정하는 키보드 애플리케이션을 개발했다. 그러다 매출에 대한 고민이 비즈니스 모델의 전환을 꾀하게 했고, 보유한 기술을 바탕으로 기기에 탑재해 직접 AI 서비스를 하는 '온디바이스 AI'로의 전환이 이루어졌다. 약 2년 간 피벗(아이템 전환) 기간을 거쳤다. 새로운 AI 모델이 우후죽순 등장하는 상황이지만 이 연산을 지원해야 하는 반도체들이 AI의 모든 연산을 다 처리하기는 어렵다. 칩의 설계와 양산까지의 기간보다 모델의 발전 속도가 빠르기 때문이다. 따라서 큰 모델 중 필요 없는 부분을 덜어내고 압축해 성능을 유지할 수 있어야 한다. 이후 매년 전년 대비 2배 매출 성장을 기록해 온 노타는 2025년 8월, 증권신고서를 제출하고 상장 절차에 돌입했다.

업스테이지는 2020년 설립한 기업으로, 소형 언어 모델(sLLM)의 강점을 활용해 온디바이스 AI 분야 협업 및 기업 AX(인공지능 트랜스포메이션)를 가속화하는 데 강점을 가진 것으로 알려졌다. 기업 고객에게는 필요한 AI 모델과 시스템 구축을 지원하고, OCR 등 문서 처리 업무 자동화를 위한 서비스, 자체 모델인 솔라와 이를 경량화한 솔라 미니, 솔라 프로 등을 보유하고 있다. 솔라 미니는 아마존 웹서비스(AWS)의 머신 러닝 허브에 출시돼 AWS를 이용하는 기업들이 자체 모델을 개발할 필요 없이 자사 맞춤형 생성 AI 서비스를 만들 수 있도록 제공하고 있다.

또한 업스테이지는 2025년 8월, 노타AI를 비롯해 래블업, 플리토 등 스타트업과 국내 연구진들로 구성한 컨소시엄을 통해 과학기술정보통신부의 '독자 AI 파운데이션 모델' 개발 사업에 최종 선정됐다. 이를 토대로 한국이 AI 3대 강국으로 도약하도록 기술 주도권을 확보하겠다는 목표다.

버티컬 산업에 특화한 AI 스타트업들

한국 AI 창업 생태계의 또 하나의 특징은 산업별 문제 해결에 특화한 전문 기업들이 활발히 성장하고 있다는 점이다. 특히 의료 분야와 콘텐츠, 지식 검색 등 구체적인 산업 파이프라인에 집중하며 글로벌 시장에서 경쟁력을 입증하고 있다. 먼저 의료 AI 분야가 대표적이다. 루닛

(Lunit)은 방사선, 병리 영상 분석 AI로 암 조기 진단과 치료 예측 솔루션을 보이며 글로벌 임상 시장에 진출했다. 2022년 코스닥 시장에 상장한 이후 글로벌 2000여 곳이 넘는 의료 기관에 솔루션을 도입하고 있으며, 전 세계적으로 주요 인증을 확보해 의료 AI 분야의 대표 주자로 평가받고 있다. 2021년 상장한 뷰노(VUNO) 역시 의료 영상 분석 분야에서 성장하고 있다. 일본과 중동, 동남아 시장까지 진출하고 있다.

콘텐츠 AI 분야에서는 4년 연속 CB Insights AI 100에 이름을 올린 트웰브랩스(Twelve Labs)가 대표적이다. 트웰브랩스는 AI 기반 영상 검색과 이해 기술을 개발하는 기업으로, 영상 속 맥락과 의미를 이해해 특정 장면을 찾아주는 API를 제공한다. 2023년 미국에서 열린 엔비디아 GTC에서 차세대 영상 이해 기업으로 꼽히기도 했다. 하이라이팅 기반 검색, 추천 플랫폼으로 개인화된 지식 큐레이션을 돕는 라이너(Liner)는 글로벌 벤처캐피탈인 앤드리슨 호로위츠가 발표한 '글로벌 생성형 웹 사용 순위'에서 4위를 차지한 AI 스타트업이다. 라이너는 텍스트 중심의 지식 탐색 경험을 AI로 재구성한다는 점에서, 대형 검색 서비스가 놓친 틈새를 파고들며 이용자 절반 이상을 해외에서 확보하고 있다.

이처럼 크게 세 가지 축으로 성장하고 있는 한국의 인공지능 창업 생태계는, 한국의 강점과 기업 수요 등을 흡수하며 글로벌로 나아가고 있다. 미국의 대규모 자본, 중국의 정책 드라이브와 달리 산업 현장과 긴밀히 맞물린 인공지능을 개발하고 있다는 점에서, 향후 세계 AI 생태계에서 의미 있는 축을 담당할 가능성이 엿보이는 대목이다.

참고문헌

김종용(2025.8.22). "[단독] 'AI 반도체' 리벨리온 2000억 펀딩 흥행 성공… 국내외 투자자 줄 섰다". 조선비즈. https://biz.chosun.com/stock/market_trend/2025/08/22/KY6UDPVBGRFS3CGLEGAO4BZDSY/

이병찬(2025.6.4). "[AI 반도체 스타트업은 지금 ②] 사피온 품은 리벨리온, 사업 본궤도에 한 발짝". 바이라인네트워크. https://byline.network/2025/06/4-305/

07
AI 벤처 투자

AI는 지난 10여 년간 꾸준히 벤처 투자의 주요 대상이긴 했지만 나름의 부침을 겪었다. 2016년 알파고의 등장으로 인공지능이 대중적 관심과 자본을 동시에 끌어들이며 투자 붐이 일었으나, 곧 상용화 속도의 지연 등으로 기대를 밑돌기도 했다. 그럼에도 기술 자체의 중요도로 인해 꾸준히 전략적 관심 분야로 남아 있었지만, 본격적인 산업화와 대규모 상업적 응용이 이루어지기까지는 시간이 필요했다. 이러한 기대와 우려는 2022년 ChatGPT의 출시 이후 시장에서의 직접적 수요와 빠른 확산에 맞물리며 폭발적인 벤처 투자로 이어졌다.

AI와 애니메이션?

글로벌 스타트업 데이터 분석 기관 딜룸(Dealroom)에 따르면 2024년 한 해 동안 전 세계 AI 기업에 투자된 벤처캐피탈 규모는 1100억 달러다. 이는 전년 대비 62% 증가한 규모로 사상 최대치다. 전 세계에서 이루어진 최대 규모 투자 라운드 9건 중 7건이 AI 기업에서 발생했을 정도로 집중현상이 뚜렷했다. 같은 기간 다른 기술 분야에 대한 투자가 12% 감소한 것과는 대비된다. 이러한 성장세는 단순한 거품이라기보다 AI가 범용기술(General Purpose Technology)로 확산되는 과정에서 나타나는 구조적 변화로 이해할 수 있다.

미국의 독주, 인프라 투자에 사활을 거는 빅테크와의 공생

글로벌 AI 투자 열풍을 주도한 국가는 단연 미국이다. 2024년 미국 스타트업이 전 세계 AI 벤처 투자의 74%를 흡수해 808억 달러가 AI 스타트업에 투자됐다. 이는 2위인 유럽 전체와 중국과 비교해도 10배 이상의 격차다. 미국은 주요 기술 집적지인 실리콘 밸리와 뉴욕 등을 중심으로 AI 기업들과 벤처 투자사가 강력한 생태계를 구축하고 있다.

특히 앞서 설명한 바와 같이 생성 AI 기술의 상용화와 사회적 파급력은 2022년 이후 AI 벤처 투자 급증의 직접적인 원인으로 나타난다. 2023년 이후 OpenAI, 앤트로픽 등 대형 생성 AI 기업에 대한 투자 규모가 폭발적으로 증가하면서 전체 AI 투자 성장을 견인했다. 특히 생성 AI 기술의 특성상, 단순한 자동화나 분석에서 나아가 다양한 산업군에 직접적인 가치 창출을 가능하게 하면서 많은 벤처 투자자들로 하여금 이 기술을 미래 시장의 플랫폼으로 인식하게 만들었다. 이러한 기술의 도입이 가져올 효율성, 생산성 향상, 사회적 변화를 생각하면 성장성 높은 기업을 선점하려는 벤처 투자자들에겐 더없이 좋은 투자 분야일 수밖에 없다. 이러한 대규모 투자 건들은 전체 시장 성장 곡선을 빠르게 상승시켰다.

필자가 2024년 8월 말까지 미국의 298개 생성 AI 스타트업을 대상으로 793건의 벤처 투자 데이터를 분석한 결과, 시리즈 B, C 단계에서 투자 규모와 속도가 두드러지게 확대 됐음을 확인했다. 각 라운드 별로 평균 투자 금액을 살펴보면 창업 초기인 시드 단계에서는 약 680만 달러, 시리즈 A단계 약 2879만 달러, 시리즈 B단계 약 4959만 달러, 시리즈 C와 그 이후는 1억~15억 달러 규모로, 급격한 투자 규모 확대를 확인할 수 있다. 특히 이러한 대형 투자는 빅 테크 기업의 전략적 투자가 크게 견인했다. 대표적인 사례가 마이크로소프트의 OpenAI 투자 등이다.

마이크로소프트는 OpenAI에 대한 가장 적극적인 투자자다. 2019년부터 시작된 파트너십은 2023년 100억 달러 투자로 절정에 달했으며, 이 투자를 통해 마이크로소프트가 OpenAI의 영리 사업에 대한 주요 지분을 확보하고 Azure에서 OpenAI의 API와 모델에 대한 독점적 접근, 수익 공유 계약, 2030년까지 OpenAI의 지적 재산에 대한 권한을 얻었다. 이 덕분에 마이크로소프트는 2024 회계년도에 AI 클라우드 서비스를 포함한 인텔리전트 클라우드 부문에서 회사 총 매출 2450억 달러 중 1050억 달러를 창출했다(Yahoo Finance, 2025). 현재 마이크로소프트의 OpenAI 지분은 약 1470억 달러로 평가되고 있다.

구글 또한 마찬가지다. 이미 앤트로픽에 대한 14%의 지분을 보유한 구글은 2024년부터 생성 AI 분야에 20억 달러 규모 비영리 액셀러레이팅 프로그램을 통해 200개 이상의 스타트업을 지원해 왔으며, 2025년 5월 AI Futures Fund를 발표하며 스타트업에 직접 투자와 함께 Gemini AI 모델에 대한 조기 접근권을 제공하기 시작했다. 아마존은 앤트로픽에 총 80억 달러를 투자한, 가장 큰 단일 AI 스타트업 투자자이기도 하다. AWS Generative AI Inovation Center를 통해 1억 달러 규모 인프라 생태계 구축에도 집중하고 있다. 이처럼 빅 테크 기업들의 AI 분야 투자는 단순한 자본 투자를 넘어 생태계 구축을 견인하는 중요한 현상이다.

기술 카테고리별로 살펴보아도 유사한 흐름을 확인할 수 있다. 창업 초기 기업의 경우(Pre-seed, Seed) 단계의 경우 텍스트 생성, 챗봇 등 기존 언어 모델을 활용한 응용 분야 투자가 다수 이루어지고 있는 반면, 후기 단계로 갈수록 파운데이션 모델, 클라우드 인프라, 데이터센터 등 AI 기술이 구현되기 위한 인프라 분야에 대규모 자본 집중이 뚜렷하다. 파운데이션 모델 개발에는 막대한 컴퓨팅 자원이 필요하다. 소규모 스타트업이 감당하기엔 턱없는 수준이다. 데이터센터 용량 확보도 마찬가지다. 맥킨지는 2030년까지 데이터센터에 5.2조 달러의 투자가 필요할 것(Financial Times, 2025)으로 예측했다(Global X, 2025). AI 컴퓨팅 수요 급증을 지원하고, 단순히 파일을 저장하고 소프트웨어를 실행하는 것에서 나아가 생산하고 운영하는 허브로 전환하기 위해서는 데이터센터 확보가 절대적이다. 여러 AI 기업들이 데이터센터 확보 및 장기 계약에 사활을 거는 이유다.

이러한 배경에서 빅 테크 기업들은 자체 인프라 구축을 통한 AI 기술의 독립성을 추구한다. 더욱이 인프라 기업들이 단순한 기술 제공자가 아닌 AI 생태계의 핵심 플랫폼으로 자리 잡는 상황에서 이러한 기업에 선제적으로 큰 규모를 투자해 유의미한 지분을 확보하고, 파트너십을 구축해 나가는 것은 빅 테크 기업 스스로의 생존 전략에도 중요하기 때문이다.

작은 생태계 규모, 응용 분야에서 길 찾는 한국

한국에서도 인공지능 분야는 최근 기록적인 투자를 지속하고 있다. 2024년 상반기, 한국의 인공지능 분야 벤처 투자는 전년 동기 대비 447% 성장이라는 기록적인 증가율을 보이며, 딥테크 10대 분야(인공지능 및 빅데이터, 시스템 반도체, 로봇, 모빌리티, 클라우드 및 네트워크, 우주항공, 친환경기술, 양자 기술, 생명(바이오), 차세대 원전) 중 가장 높은 성장세를 보이고 있다. 이러한 수치는 한국의 벤처 투자자들 또한 글로벌과 마찬가지로 AI 기술의 미래 가치를 매우 높게 평가하고 있음을 보여준다.

한편 작은 시장 규모를 반영하듯 글로벌 시장, 특히 미국과 비교했을 때는 뚜렷한 한계가 존재한다. 절대적인 투자 규모 측면에서 미국과는 비교할 수 없이 작다. 2024년 한 해 동안 한국의 AI 분야에 투자된 금액은 2700억 원으로 미국의 808억 달러(112조 원)에 비하면 1/5 수준에 불과하다. 전체 벤처 투자 규모 대비 AI 분야 투자로 보아도 그렇다. 2024년 한국의 벤처 투자는 11.9조 원, 이 중 AI 분야 벤처 투자는 2700억 원 규모이니 약 2.3%가 AI에 투자됐는데, 미국의 경우 전체 2090억 달러 중 808억 달러 규모가 AI 분야에 투자돼 38.7%에 달한다. 즉 절대 규모도 차이가 크지만, 비율로 보더라도 차이가 큰 것이다.

투자 분야에서도 차이가 있다. 필자가 2023년 8월까지의 한국 AI 기업에 대한 투자 데이터를 한국 스타트업 데이터 플랫폼 더브이씨(thevc.kr)에서 수집해 분석한 결과, 한국의 AI 투자는 영상(26.2%), 이미지(21.4%), 챗봇(14.3%) 등 특정 산업에 AI를 접목해 효율성을 높이는 활용 단계에 초점이 맞춰져 있다(이승아 · 정태현, 2023). 이는 인프라와 모델 개발에 투자의 대부분이 집중된 미국과 다른 지점이다. 이러한 활용 중심의 투자 패턴은 단기적인 성과를 내는 데 적합하고, 산업 전반의 효율성 향상에 기여할 수 있다. 벤처 투자자의 입장에서도 개발 기간이 짧고 사업 모델이 명확해 벤처 펀드의 만기

(5~7년)내 회수에 대한 계획을 세우기 적합하다. 한편 장기적으로는 핵심 기술이 미국 주도, 글로벌 빅 테크 주도 트렌드에 종속될 수 있다는 구조적 위험성을 가지고 있기도 하다.

이러한 투자 분야 집중에 대한 우려, 응용 분야 쏠림 현상 등은 한국의 빅 테크 기업들의 꾸준한 민간 투자 증가, 정책적으로 높아지고 있는 AI 관심도 등으로 해소를 기대해 볼 수 있는 상황이다.

구조적 확산 과정을 맞이한 인공지능 분야 벤처 투자

필자가 이러한 실제 벤처 투자 데이터를 토대로 미국과 한국의 2030년까지의 생성 AI 분야 벤처 투자 규모를 예측한 결과, 미국의 경우 생성 AI 분야 투자가 신기술이 수용되고 확산되는 방식을 보여주는 기술 확산 곡선과 유사한 형태로 성장하는 것으로 나타났다. 이는 생성 AI 기술과 이에 대한 벤처 투자가 거품이 아니라 구조적 확산 과정에 있다는 점을 암시한다.

한국에서도 2023년부터 2029년까지 평균 3조 4000억 원 규모의 투자가 필요할 것으로 전망되고 있어, 민간 빅 테크 기업의 투자 참여와 정책적 지원이 결합될 경우 응용 분야를 넘어 핵심 기술 개발까지 확장될 잠재력도 충분하다고 볼 수 있다. 즉, 이 분야에 대한 벤처 투자에서 단기적 변동성은 불가피하지만 장기적으로는 산업과 사회 전반에 걸친 새로운 기회를 이끌어가는 새로운 신호가 될 것으로 기대된다.

참고문헌

이승아·정태현(2023). "생성 AI 스타트업에 대한 벤처 투자 분석과 예측: 미국과 한국을 중심으로". 《벤처창업연구》, 18(4), 21~35.

Financial Times(2025). Inside the relentless race for AI capacity. https://ig.ft.com/ai-data-centres/

Global X(2025). Investing in AI: Why Data Centers? Why DTCR?. https://www.globalxetfs.com/articles/investing-in-ai-why-data-centers-why-dtcr

Yahoo Finance(2025). A $20 billion clock is ticking for OpenAI as Microsoft talks turn fractious. https://finance.yahoo.com/news/a-20-billion-clock-is-ticking-for-openai-as-microsoft-talks-turn-fractious-130006071.html

08
AI 기반 제품 개발과 사업화 전략

AI가 바꾸고 있거나 개선하고 있는 창업 생태계를 살펴보고자 한다. 이를 잘 설명하는 프레임워크가 '외생적 촉진자' 프레임워크다. 간략히 설명하면 창업을 하고자 하는 사람들이 특정 기술의 등장이나 외부적 요인에 의해 창업을 하고자 하는 의지를 발현하거나, 창업 과정에 영향을 받는 과정을 이론적으로 풀어낸 것이다. 국내 AI 창업자 및 벤처 투자자들을 대상으로 심층 인터뷰를 진행하며 확인한 바에 따르면 생성 AI 기술의 등장은 창업 생태계에 강력한 외생적 촉진자로 작용하며 제품 개발과 사업화의 문턱을 획기적으로 낮췄다.

AI와 인재 채용?

AI가 낮춘 창업과 기능 구현의 진입 장벽

AI 기술이 창업에 미친 가장 직접적인 영향은 창업가 혹은 예비 창업가들이 아이디어를 현실로 구현하는 데 필요한 시간과 비용을 극적으로 줄였다는 점이다. 기존에는 새로운 제품이나 서비스를 개발하기 위해 많은 개발자를 고용하고, 긴 시간 코드를 작성해 초기 버전(MVP)을 만드는 데 많은 비용이 들었다. 하지만 생성 AI 기술 발전으로 이러한 과정은 완전히 바뀌었다. 필자의 연구(이승아 · 정태현, 2024)에서 언급한 '절감(Compression)'과 '절약(Conservation)' 개념이 이에 해당한다.

생성 AI는 개발 프로세스와 이에 필요한 시간을 압축하고, 인력과 제작 단가 등을 줄이는 핵심적인 역할을 수행한다. 예를 들어, 창업가 본인은 물론이며 개발 인력이 충분하지 않더라도 AI 개발 도구를 활용해 서비스의 핵심 기능을 직접 구현할 수 있다. 과거에는 전문성을 갖춘 시니어 개발자와 여러 명의 주니어 개발자가 동시에 필요하던 일들을 시니어 개발자 한 명이 컨트롤 할 수 있거나, 주니어 개발자도 본인의 역량 이상으로 개발할 수 있다. 단순한 반복 작업은 물론 새로운 설계에 대한 조언 등을 얻을 수 있어 개발에 필요한 시간을 단축한다. 이는 자본력이 부족한 예비 창업자들에게도 최소한의 비용으로 아이디어를 검증할 기회를 제공한다. 디자인 작업도 마찬가지다. 디자이너들이 실제 디자인 업무보다 많은 시간을 할애해야 하는 레퍼런스를 찾는 시간 등을 AI를 활용해 크게 단축했으며, 이 덕분에 업무 효율이 높아지고 인력 부담이 적었다는 답변이 많았다.

특히 창업자들과의 인터뷰에서 크게 도움이 됐다고 언급된 부분은 '페이퍼워크 시간의 단축'이다. 한국의 특수한 상황일 수도 있으나, 많은 창업자들과 스타트업들은 비즈니스가 적정 궤도에 오르기 전까지 다양한 정부 지원 사업과 과제 등에 참여를 시도하게 된다. 이 경우 일상적으로 사업에 필요한 문서 작업보다는 사업 선정을 위해 제출해야 하는 계획서와 서류 업무들이 많다. 많은 지원 사업에 참여하는 스타트업의 경우에는 이를 위한 전담 인력을 채용하는 경우도 다수 있었다. 한편 AI가 많은 경우의 문서 작업을 대체하면서는 이러한 작업의 부담이 현저히 줄었다는 것이 창업자들의 설명이다. 자신들의 사업에 관한 내용을 학습시키고, 특정 양식에 맞춰 이를 작성하도록 하면 유사한 내용을 매번 다른 형식으로 입력하면서 발생하는 반복 작업과 수고로움을 덜 수 있고 추가 인력 채용에 대한 부담도 적어진다.

결론적으로 제품 개발은 물론 여러 가지 반복 업무, 실제 사업에 필요한 업무를 제외한 기초 및 부대 작업들에 드는 시간과 비용을 줄이는 것은 곧 창업가와 스타트업의 초기 자원을 절약하는 효과로 이어진다. 창업 초기에 발생하는 가장 큰 리스크가 바로 불확실성을 해소하기 위해 투입되는 자원(인력, 자본)이 소진되는 것인데, AI가 이 리스크를 줄여주는 것이다. 인터뷰에 참여한 창업자들은 "AI 기술 덕분에 적은 비용과 인력으로도 창업이 가능해 졌다"고 입을 모았다. 이처럼 AI는 창업의 물리적, 재정적, 기술적 진입 장벽을 낮춰 창업 시도를 가속하고 있다. 이는 프레임워크가 설명하는 창업 의도의 촉발(Triggering)을 설명하는 현상이기도 하다.

이처럼 AI를 활용해 창업하고, 빠르게 제품을 테스트하며 크게 성장한 대표적인 기업이 재스퍼 에이아이(Jasper AI)와 Copy.AI다. Jasper AI는 GPT-3 API를 활용해 2021년 Jasper를 출시했는데, 개발에서 출시까지 두 달 이내에 빠르게 MVP를 출시했다. 이후 론칭 6개월 만에 $1M ARR를 달성하는 등 급성장했으며, 2022년 10월 2년이 채 안 되는 시간 만에 15억 달러 규모의 기업 가치를 인정받아 유니콘이 된 사례다.

Copy.AI는 2020년 말, YC의 배치 프로그램에 참여하며 GPT-3를 활용해 MVP를 만들었다. 출시 직후 폭발적인 수요를 확인하며 2021년 3월 시드 투자 유치에 이어 같은 해 10월, 시리즈A에서 1100만 달러의 투자 유치에 성공하며 1년간 빠른 팀 확장과 성장세를 보였다. 소규모 팀으로 AI를 활용해 빠르게 성장했다는 점에서 좋은 사례다.

AI가 촉발한 '솔로프러너'의 등장

이러한 현상들을 가장 극적으로 보여주는 것이 바로 '솔로프러너(Solopreneur)'의 탄생이다. '혼자'를 뜻하는 'Solo'와 기업가를 뜻하는 'Entrepreneur'의 합성어인 솔로프러너는 말 그대로 직원 없이 혼자 사업하는 1인 기업가를 의미한다. 과거에는 1인 창업가가 창업을 시도, 성공하는 것에 진입 장벽이 높았다. 제품 개발과 마케팅, 영업, 고객 지원과 재무 등 모든 업무를 혼자 감당하기 쉽지 않아서다.

하지만 AI의 발전은 '1인 기업의 한계'라는 통념을 깨뜨리고, 개인의 역량을 기업 수준으로 확장시키는 '멀티플라이어(Multiplier)' 역할을 하고 있다. 앤트로픽 CEO인 다리오 아모데이는 2026년까지 최초로 10억 달러 규모의 솔로프러너가 등장할 것이라고 예측하기도 했다. 스타트업 지원 플랫폼 기업 카르타는 2015년 전체 스타트업의 17%였던 1인 스타트업 비율이 2024년 35%로 두 배 이상 늘었다고 밝혔다.

대표적인 사례가 우버 뉴욕 지사장 출신인 조시 무어(Josh Moore)다. 2023년 음성 요약 앱인 웨이브AI를 출시하고 8개월 만에 월 매출 33만 달러를 내는 기업으로 성장했다. 창업 전까지 개발 지식 없이 마케팅과 사업 이력만 가진 그는 ChatGPT를 활용해 혼자 앱을 만들었다고 알려졌다. 이스라엘 개발자인 마오르 슬로모(Maor Shlomo)가 창업한 Base44도 1인 창업 기업이다. 자연어를 코드로 변환해 웹사이트를 제작하는 AI 코딩 플랫폼이며, 초기 프로토타입을 AI 도움으로 빠르게 완성해 6개월 만에 8000만 달러에 홈페이지 개발 기업인 윅스(Wix)에 회사를 매각해 화제가 됐다(김인엽, 2025).

솔로프러너들은 AI 기반 자동화 도구, 노 코드(No-code) 개발 플랫폼, 디지털 마케팅 솔루션 등을 활용하며 창업의 새로운 트렌드를 만들고 있다. 미국에서 전국자영업연맹을 대상으로 조사한 바에 따르면 2025년 4월 중소기업 낙관 지수가 51년 동안 유지하던 평균치보다 두 달 연속 하락했다. 세금과 인플레이션, 일상적인 사업 운영 비용 등에 대한 부담 때문이다. 한편 AI는 이렇게 변동성이 높은 상황에 스마트한 변화 대응 방식을 제공한다.

노 코드 개발 플랫폼은 개발자가 아니더라도 개발할 할 수 있는 도구다. 예를 들어 사용자가 원하는 기능을 자연어로 입력하면 AI가 코드를 생성하고 오류를 수정해 주는 방식이다. 이를 통해 솔로프러너는 복잡한 개발 과정을 외부에 맡기거나 팀원을 고용할 필요 없이 직접 제품을 구현할 수 있다. 아이디어에 대한 프로토타입을 만드는 시간을 획기적으로 단축시키는 것이다. 마케팅과 소셜 미디어, 홍보 콘텐츠 제작 등에 필요한 글쓰기, 영상 제작, 이미지 디자인 등도 AI가 대신한다. 특정 주제를 입력하면 관련 글을 작성해 주고, 로고나 이미지, 영상을 쉽게 제작할 수 있어 디자이너나 콘텐츠 마케터를 고용하지 않고도 브랜드 자산을 구축하고 홍보할 수 있다.

추가적으로 AI 분야 벤처 투자에서도 높은 비율을 차지하고 있는 AI 기반 고객 지원 또한 솔로프러너에게 많은 도움이 되는 자동화 도구다. 고객 지원 업무 자체가 갖는 부담과 투입해야 할 리소스를 생각하면 많은 AI 기업들이 빠르게 이 시장에 진출한 것 또한 쉽게 이해가 되는 대목이다. AI 고객 지원은 인력을 활용하지 않아도 24시간 대응이 가능한 고객 대응 환경을 제공한다. 어떤 규모의 기업에게나 환영할 만한 일이지만, 1인 기업에는 더없이 소중한 자원이다.

또 과거에는 이러한 자동화나 콘텐츠 제작에만 AI가 서포트할 수 있는 1인 기업의 기능이 국한돼 있었다면, 이제는 AI 기반 대시보드를 통해 경영진이 필요했던 기능인 매출 동향이나 리드 속도, 고객 패턴, 현금 흐름 변화 등에 대한 파악과 통찰력 제시까지 확장되고 있다. 따라서 1인 기업의 전략적 사고를 도우며 성장을 꾀할 수 있다는 것이다. 가상 비서 에이전시 She's a given (https://www.shesagiven.com/)의 창업자인 에밀리 기븐은 AI의 분석을 활용해 확장 가능한 과금 모델을 구축했고, 2년도 채 되지 않아 매출이 15배 증가했다 (Fastcompany, 2025). 이처럼 AI는 사업 확장의 장벽을 허물고 있다.

물론 솔로프러너 현상에 대해서도 회의적인 의견이 존재한다. 장기적으로 봤을 때, 대중의 AI 활용 능력이 더욱 발전하면 모두가 AI를 활용해 더 나은 제품을 만들 수 있게 되고 시장의 기대치가 높아질 수밖에 없다. 결론적으로 AI를 잘 활용하는 기업은 성장할 수 있겠지만 AI에 의존해 만들기만 하는 솔로프러너에게는 한계가 있을 수밖에 없고, 그 과정에서 결국 살아남는 것은 클라우드 기업이나 AI 창업 교육을 하는 사람들뿐이라는 회의론도 제기된다. 결과는 수년 후에나 알 수 있을 것이다. 그럼에도 불구하고 갑작스럽게 등장한 생성 AI가 침투하고 있는 창업 생태계와 재편하는 노동 구조는 분명 새로운 트렌드라고 볼 수 있을 것이다.

참고문헌

김인엽(2025.6.23). "1인 기업도 수백억 유치… '솔로프러너[' 시대". 한국경제.
https://www.hankyung.com/article/2025062342661

이승아·정태현(2024). "생성AI와 창업: 외생적 촉진자로서의 생성AI 역할 분석". 《벤처창업연구》, 19(6), 89~100.

Fast Company(2025). Why the first billion-dollar solopreneur won't need a team.
https://www.fastcompany.com/91377614/why-the-first-billion-dollar-solopreneur-wont-need-a-team

09
AI와 사업 운영 효율화

AI는 사업의 지속적인 성장과 효율적인 운영을 위해서도 필요한 핵심 요소들을 새롭게 정의하고 그 과정을 혁신하고 있다. 자원의 확장과 대체가 그 핵심이다. 인터뷰에 참여한 창업자 중 다수는 "AI 도구의 API 공개, 클라우드 인프라의 활용 등으로 과거에는 상상할 수 없던 여러 자원에 접근할 수 있게 됐다"고 강조했다. AI 기반 SaaS 솔루션, 오픈소스 LLM, 다양한 산업 특화형 도구들은 스타트업이나 초기 창업가에게 기업 규모를 넘어서는 자원을 활용하도록 한다.

AI와 기자?

제한된 자원의 외부화, 사람은 중요한 업무에 더욱 집중하게 하는 AI

스타트업에는 본질적으로 인력과 자본, 네트워크가 부족할 수밖에 없다. 그러나 AI가 외부의 자원에 접근을 용이하게 하면서 이 한계를 보완할 수 있게 됐다. 수차례 언급한 개발과 디자인 업무 외에, 과거에는 대규모 예산이 있어야만 가능했던 업무인 데이터 분석이나 시장 조사 업무가 대표적이다. 데이터 분석가를 고용하거나 수십 만 원에서 수백 만 원을 넘는 유료 보고서를 구매해야만 가능했던 작업들이라면 이제는 웹상의 오픈 데이터, 고객 리뷰, 소셜 미디어의 텍스트를 AI가 신속하게 분류하고 요약하면서 주요 트렌드나 소비자 정서를 분석해 준다.

시장 조사 영역에서도 AI는 경쟁사 분석은 물론 보고용 자료 준비를 크게 단순화한다. 과거에는 경쟁사 웹사이트를 하나하나 조사하고, 업계 리포트를 크로스 체크해야 했으며 관련한 데이터 수집을 위해 여러 데이터 플랫폼을 활용해야 했지만 지금은 글로벌 SaaS 기업들이 제공하는 AI 리서치 툴을 활용해 컨설팅사가 수행하던 수준의 경쟁 환경 분석을 빠르게 진행할 수 있다. 이러한 변화는 단순히 비용을 줄이는 차원을 넘어 폭넓은 자원에 접근성을 높인다는 측면에서 의미가 크다.

데이터 분석 전문 AI인 줄리어스(Julius.ai)와 파워드릴(Powerdrill.ai) 등은 자연어로 데이터 분석을 지시하면 자동으로 통계를 처리하고 시각화까지 진행한다(구자룡, 2025). 이는 전통적인 통계 분석을 뛰어넘어 패턴을 발견하고, 여러 차원의 시장 특성을 파악하는 데도 용이하다. 특화된 분석 툴을 활용하지 않더라도, ChatGPT나 퍼플렉시티, 구글의 제미나이 등도 이러한 작업에 폭넓게 쓰이고 있다. 실제로 필자와 인터뷰한 한 창업자는 "ChatGPT API가 공개된 이후 과거 유료로 이용하던 챗봇 구축 비용이 획기적으로 줄었고, 동시에 시장 조사나 소비자 분석과 같은 리서치 업무에서도 사내에서 자체로 처리할 수 있게 되면서 접근 가능한 자원 자체가 넓어졌다"고 강조했다(이승아 · 정태현, 2024).

기존에 사람이 담당하던 업무를 대체하는 것도 운영 패러다임 자체의 변화다. 앞서 설명한 고객 지원 업무는 물론, 회계 정산과 계약 관리 등 백오피스 기능들이 AI 기반 SaaS 솔루션으로 대체되고 있는 추세다. 인사 관리 영역에서 AI는 채용 공고 작성, 서류 검토, 인터뷰 준비 등 반복적이고 시간이 많이 소요되는 과정 등을 자동화하고 있다(Delve AL, n.d.). Attract AI는 사용자의 선호

도를 학습해 맞춤형 고품질 후보자 결과를 제공해 주는 AI 채용 도구로 40개 이상의 소셜 플랫폼에서 7억 명 이상의 후보자 프로필을 보여주는 검색 모델을 보유하고 있다. Checkr는 AI와 머신 러닝을 활용해 신원조회를 위한 데이터를 신속하게 분석하고 제공하고 있으며, 그 외에 여러 AI 기반 서비스가 성과 측정과 분석을 기반으로 급여와 복지 서비스 제공 의사 결정을 돕고 있다.

이는 단순한 아웃소싱의 개념보다는 운영 구조의 재설계를 의미한다. 반복적인 업무, 정해진 규칙을 기반으로 움직이는 업무를 AI가 처리하면 핵심 인력은 더욱 전략적인 업무에 집중할 수 있게 되기 때문이다. AI로 많은 인력이 대체되더라도 전체적인 업무를 파악하고 지시를 내릴 수 있는 인력은 생존할 수밖에 없다는 관측이 나오는 이유이자, 통찰력과 문해력의 중요성이 더욱 대두되는 이유이기도 하다.

업무 효율화를 뛰어넘는 사업 운영 파트너

이러한 AI의 영향은 단순히 반복 업무의 효율화를 넘어, 스타트업에 사업 운영의 전략적 파트너로서도 기능할 수 있다. 특히 AI는 데이터 기반으로 의사 결정의 불확실성을 줄이고, 외부 이해 관계자에게 기업의 신뢰성을 높여주는 역할을 통해 운영 역량을 질적으로 도약하게 한다.

스타트업은 제한된 자원에서 불확실한 선택을 반복해야 한다. 신제품 출시 시점은 언제가 좋을지, 어느 고객 세그먼트를 먼저 공략할지, 투자와 관련한 미팅에서 어떤 지표를 강조할지 등 선택의 연속에 놓인다. 자원이 제한돼 있기 때문에 선택마다 그 무게가 크게 마련이다. 기존에는 경영진의 경험과 직관에 의존할 수밖에 없었던 영역이지만, AI는 방대한 데이터를 기반으로 빠른 시뮬레이션과 예측을 가능하도록 돕는다. AI 기반 수요 예측 모델을 통해서는 특정 지역과 연령대 소비자의 구매 전환율을 실시간으로 산출하여 마케팅 자원 배분을 최적화하기도 하고, 시장 규모와 경쟁사 동향, 고객 트렌드를 정량화해 제시하면서 투자자나 잠재적 고객과의 협상에서도 높은 설득력을 가질 수 있다.

특히 최근 AI는 단순히 과거 데이터를 요약하는 수준을 넘어, 시나리오 플래닝과 시뮬레이션을 제공하는 단계로 진화하고 있다. AI 기반 SaaS 툴인 Float, Dryrun, Finmark 등은 스타트업의 매출 및 비용 데이터를 입력하면 이를 기반으로 일정 기간 동안의 현금 흐름을 예측하고 시나리오별 자금 소요를 시뮬레이션한다(CFO

Advisors, 2025). 이러한 분석은 창업가가 '만약 인력을 20% 늘린다면', '특정 시장 진출을 3개월 지연한다면'과 같은 가상의 상황에 대해 빠르고 직관적으로 테스트, 대응할 수 있게 해 준다. 전략적 사고를 함께할 수 있는 파트너가 된 셈이다.

또한 정당성 부여(Legitimation) 측면에서도 효과적이다. 아직 많은 고객이 확보되지 않아 브랜드 파워가 약한 스타트업이 초기 단계에서 겪는 큰 과제 중 하나는 '이 기업이 신뢰할 만한가'라는 질문에 답하는 일이다. AI의 활용은 단순한 기술 도입 이상의 의미를 가진다. 공개된 API 덕분에 많은 부분이 상향 평준화된 AI 도구 시장에서, 유명 기업과 동일한 스택(stack)을 활용한다는 사실 자체가 투자자와 고객에게 안정감을 줄 수 있다. 이를 토대로 작은 규모에서도 표준화된 고객 경험을 제공할 수 있게 되면서 운영의 범위와 깊이가 동시에 확장된다.

사업 운영에서 AI 활용에 대한 균형적인 시각

물론 이러한 논의들이 AI의 잠재력을 지나치게 낙관적으로 바라본다는 시각도 있다. 실제로 기업 운영 과정에는 AI 기반 도구로만 대체하기 어려운 영역이 분명히 존재하며, 여전히 인간의 경험과 직관을 통해 비롯되는 통찰이 결정적일 수 있다. 시장의 미묘한 흐름을 읽거나, 조직 내 갈등을 조정하고, 장기적인 비전을 제시하여 구성원의 결집을 도모하는 일 등은 AI가 대신할 수 없는 부분일 것이다. 또한 AI가 제공하는 데이터 기반 분석이 종종 편향된 자료에 의존하거나, 특정 산업에 대한 맥락적 이해가 부족하다는 한계도 있을 수 있다.

그럼에도 불구하고, AI가 창업과 운영 방식에 미치는 구조적 변화와 새로운 트렌드의 형성이라는 관점에서 볼 때 이는 당분간 거스를 수 없는 파도라는 점을 산업계 전반에서 경험하고 있다. 즉, 창업가와 기업은 AI를 단순한 도구가 아니라 새로운 패러다임의 일부로 받아들이면서 기술과 인간 역량의 균형을 어떻게 설계하고 최적의 방식으로 활용할 것인지 고민해야 할 시점에 접어들었다.

참고문헌

구자룡(2025). "AI를 활용하여 서베이 및 고객 데이터 분석하기". 통계인재개발원. https://shi.kostat.go.kr/window/2025a/main/2025_sum_10.html

이승아·정태현(2024). "생성AI와 창업: 외생적 촉진자로서의 생성AI 역할 분석". 《벤처창업연구》, 19(6), 89~100.

CFO Advisors(2025). Float vs Dryrun vs Finmark: 2025 Cash-Flow Forecasting Software Shoot-Out for Series A SaaS Startups. https://www.cfoadvisors.com/blog/float-vs-dryrun-vs-finmark_-2025-cash-flow-forecasting-software-shoot-out-for-series-a-saas-startups

Delve AI(n.d.). "인사팀을 위한 20+ 최고의 AI 도구". https://www.delve.ai/ko/blog/%EC%9D%B8%EC%82%AC%EB%A5%BC-%EC%9C%84%ED%95%9C-ai-%EB%8F%84%EA%B5%AC

10
AI와 창업의 미래

AI 창업에서 글로벌 시장과 한국 시장의 조건과 기회는 다르게 작동한다. 최근 스타트업 생태계에서 많은 AI 분야 예비 창업자들이 창업의 시작을 아예 미국에서 하겠다고 나서는 경우가 드물지 않게 관측되는 이유다. 국내에서 AI 분야의 창업을 하고자 하는 예비 창업자들은 거대한 성공 사례나 해외 시장을 단순히 모방하기보다 한국의 자본 환경과 정책적 맥락, 산업 구조에 맞는 전략을 마련하는 것이 효과적일 것이다. 지금까지의 논의를 바탕으로 실제 창업 과정에서 도움이 될 수 있는 실천적 조언을 정리해 보고자 한다.

AI와 미래 의사?

한국에서 OpenAI가 가능했을까

많은 정책 이해 관계자들과 언론은 "한국에서도 OpenAI와 같은 기업이 나올 수 있었을까"라는 질문을 던진다. 현실적으로는 쉽지 않았을 것이다. OpenAI만 해도 2015년 설립 이후 100억 달러 이상의 투자를 유치했는데, 이는 2024년 한 해 동안 한국 전체의 벤처 투자 규모인 약 11.9조 원을 상회하는 수준이다. 또한 성공한 연쇄 창업자와 벤처 투자자들이 모여 비영리로 시작한 구조, 미국 빅 테크의 인프라와 인재 풀 등은 쉽게 따라가기 어렵다.

비슷한 시기인 2016년 전후 한국에서도 일부 기업이 언어 모델 기반 연구와 사업화를 시도했지만, 자본 규모와 인재 네트워크의 제약으로 초거대 모델보다는 경량화나 특정 산업 응용에 초점을 맞추며 성장했다. 학습 데이터가 좌우하는 기술에서 영어와 한국어의 차이점도 컸다. 이러한 차이들은 결국 OpenAI와 같은 글로벌 초거대 모델 기업의 부상을 한국에서 기대하기 어렵게 한 배경이다.

한국 AI 창업의 강점과 기회

그러나 한국이 가진 강점도 분명하다. 한국 스타트업들

은 제한된 자본을 효율적으로 활용하면서 경량화 모델, 한국 산업 구조의 맥락과 특정 산업에 특화한 데이터 세트, 도메인 지식 기반 솔루션에 집중해 차별화된 성과를 내고 있다. 의료 영상 데이터에 기반한 루닛, AI 반도체 칩 기업의 대표 주자인 리벨리온과 퓨리오사, 대형 언어 모델을 한국어와 교육에 최적화한 업스테이지 등은 '날카로운 문제 해결력'으로 글로벌 시장에서도 인정받고 있다.

한국형 AI 창업 모델은 초거대 모델을 모방하기보다 이 같은 산업별 특화 문제 해결사로서 자리매김할 때 경쟁력이 생긴다. 한국의 산업 구조는 제조, 의료, 금융, 교육 등 데이터 축적이 유의미한 분야가 많고, 이를 기반으로 특화 솔루션을 만들어 내는 창업자에게 충분히 큰 기회가 있기 때문이다.

모방 위기를 넘는 전략: 데이터와 인재, 그리고 포지셔닝

이러한 날카로운 문제 해결력은 모방 위험에서도 상대적으로 견고한 창업을 가능하게 한다. 한국 시장은 규모가 작은 만큼 빠른 모방이 가능하기도 하고, 기존 대기업이 자본과 인프라를 동원해 유사 서비스를 출시하는 경우가 적지 않다. 심지어 AI 분야의 경우 국내 대기업뿐만 아니라 글로벌 인공지능 기업들이 거대 자본과 학습 데이터를 바탕으로 순식간에 더 좋은 서비스를 내놓기도 한다. 즉, 속도와 자본으로는 큰 기업을 이기기 쉽지 않은 것이 현재의 AI 분야 생태계의 경쟁이다. 따라서 단순한 모델이나 범용 서비스보다는 모방 비용이 크고, 진입장벽이 높은 사업 구조를 설계하는 것이 중요하다.

이를 위해 창업자들은 고유 데이터 세트 확보, 데이터 권리화, 도메인 지식 결합을 통한 독창적 솔루션을 구축해야 한다. 동시에 리벨리온이나 퓨리오사AI, 노타AI 등의 사례처럼 좋은 인재들이 빠르게 사업 기회를 선점해 핵심 기술에 집중하는 전략이 성공 방정식의 일부가 될 것이다. 무엇보다 중요한 것은 생태계 내의 포지셔닝이다. 대기업과 경쟁하기보다는 협업과 파트너십 구조를 설계하고, 공존 전략을 취하는 것이 바람직하다. 이는 장기적으로 창업자에게도, 투자자에게도 좋은 엑시트 전략이 될 수도 있다는 점에서 유용한 전략이다.

가벼운 시작, 그러나 결코 가볍지 않은 성장 곡선

AI의 등장은 창업 문턱을 낮췄다. 소수의 창업자가 적은 자원으로도 제품을 개발하고, 글로벌 시장에도 진출해

시험할 수 있는 길을 열었다. 콘텐츠 제작과 고객 응대, 계약서 작성, 시장 조사까지 과거에 많은 인력과 시간이 들던 업무를 이제는 AI 도구를 통해 빠르게 처리할 수 있게 됐다.

하지만 많은 예비 창업자가 간과하는 사실은 시작이 가벼워졌다고 해서 성장과 확장이 결코 가벼워진 것은 아니라는 점이다. 초기에는 한두 명이 AI의 힘을 빌려 빠른 실행이 가능하지만 스케일 업 단계에서는 여전히 사람이 필요하고, 자본이 필요하며 신뢰와 체계가 있어야 한다. 기능적으로는 완벽해 보이는 서비스일지라도, 보안과 운영 리스크를 관리하지 못하거나 시장에서 고객의 신뢰를 잃으면 지속 가능한 성장이 불가능하다. 앞서 살펴본 '솔로프러너'의 등장과 이에 대한 회의적인 시각이 이를 반영한다. 시작은 빠르게 했을지라도 시장의 기대치가 높아지고 운영에 대한 안정성이 요구되는 때에 직면하면 1인의 역량과 AI 도구만으로는 감당하기 어렵기 때문이다. 장기적 성장은 좋은 네트워크, 파트너십, 리스크 대응 능력, 이를 토대로 쌓인 탄탄한 브랜드 파워를 바탕으로 구축되는 일이다.

AI는 분명 사다리를 낮춰주는 도구다. 그러나 동시에 오르막을 더욱 가파르게 만들기도 한다. 진입은 쉬워졌지만 올라서기 위해서는 더욱 단단하게 구성된 팀과 더 큰 자본, 지속 가능한 운영 역량이 필요하다. 중요한 것은 '빠르게 창업했다'는 타이틀이 아니라 장기적으로 신뢰할 수 있는 가치를 어떻게 만들어 내느냐에 있을 것이다. 이를 위해 창업 생태계의 주요 주체인 창업 지원기관과 정부, 벤처 투자사와 액셀러레이터 등에서 제공하는 프로그램을 적극 활용하며, 네트워크 구축과 더불어 좋은 팀 빌딩과 체계적인 성장 전략 수립을 고민해야 한다.

데이터와 윤리, 새로운 경쟁력의 축

앞으로의 AI 창업에서 중요한 자산은 단순히 데이터 자체가 아니라 어떤 데이터를 어떻게 확보하고 활용할 것인가다. 깃허브(Github)가 코드 저장소를 통해 데이터 네트워크 효과를 확보했듯이 창업자가 독창적 데이터 수집과 활용 모델을 선점하는 것은 곧 경쟁력이 될 것이다.

동시에 AI 시대 창업자는 윤리적 책임을 잊어서는 안 된다. 새로운 기술은 예기치 못한 위험도 만들어 낸다. 특히 AI 시대에서는 데이터 활용 과정에서 개인정보 보호 문제, 알고리즘 편향, 신뢰할 수 없는 결과 등의 발생으로 큰 사회적 비용을 초래하고 있다. 특히 초기 창업 기업에서는 이러한 문제가 기업의 성장에 큰 장애물이 될 수 있다. 한국의 규제 맥락은 물론 전 세계적으로 대두되는 인공지능 윤리와 관련한 움직임을 종합하면, 기술 자체보다 규제 대응 역량과 윤리적 책임을 지키는 것이 기업의 존속을 좌우할 수도 있다.

따라서 빠르게 제품을 내놓는 것을 넘어 신뢰 가능한 기업을 만드는 것이 중요하다. 특히 기업 내부적으로 기준을 정하고 이를 따르는 것은 규모가 작은 초기 기업일수록 쉬운 일이기 때문에 창업 단계부터 이러한 부분을 유념하는 것이 좋다. 내부적으로 수립한 개발 및 서비스 윤리, 책임 있는 의사 결정 체계 심고, 이를 토대로 고객이 안심하고 사용할 수 있는 서비스를 구축하는 것이 파트너가 함께하고 싶은 기업, 투자자가 장기적으로 지지할 수 있는 기업이 되는 데 중요한 조건이 될 것이다.

좋은 창업의 기준은 AI 이전이나 이후나 같다

무엇보다 중요한 점은 AI 창업의 본질은 결국 이전 세대의 창업의 본질과 다를 바 없다는 점이다. 창업의 본질은 결국 어떤 문제를 해결하느냐다. 기술은 도구일 뿐, 그 도구를 어떻게 활용해 실제 사회와 산업에서 필요한 문제를 해결하느냐가 기업의 성패를 가른다. 그 문제의 크기가 바로 사업이 성장할 수 있는 크기를 의미한다. 이는 예비 창업자에게 큰 희망을 준다. 거대한 자본이나 초거대 모델을 보유하지 않아도, 현장의 문제를 가장 잘 이해하고, 이를 AI로 풀어낼 수 있는 창업자가 시장에서 인정받을 수 있기 때문이다.

결국 앞으로의 AI 창업은 '누가 더 큰 모델을 만들었는가'가 아니라 '누가 더 의미 있는 문제를 (AI를 활용해) 해결했는가'가 기준이 될 것이다. 한국의 창업자들과 생태계가 글로벌 빅 테크와 동일한 수준의 자원을 갖추기에는 어려울지 몰라도, 이러한 현장 중심 문제 해결력과 데이터 축적, 강한 실행력은 차별화된 길을 여는 데 중요한 열쇠가 될 것이다.

예비 창업자들에게 남길 메시지는 단순하다. 지금이 도전하기에 가장 좋은 시대라는 점이다. AI는 창업의 장벽을 낮췄고, 새로운 기회의 문을 열었다. 그 문 너머에서 오래 살아남고, 멀리 나아가기 위해서는 사람과 자본, 신뢰와 데이터라는 기본기가 필요하다. 빠른 시작이 큰 도약으로 이어질 수 있도록 날카로운 문제 해결력과 성장 전략을 함께 준비해야 한다. AI는 분명 창업의 중요한 동력이 될 것이다. 여러 현실 속에서도 충분히 글로벌 시장에 도전할 수 있으며, 지속 가능한 성장을 고민할 수 있는 기업이야말로 앞으로의 AI 창업 생태계를 이끄는

주인공이 될 수 있을 것이다.

ChatGPT와 클로드, 퍼플렉시티에게 앞으로의 AI 창업에서 가장 중요한 것이 무엇이냐고 물어 봤다. 이들은 이렇게 대답했다. "AI 창업의 미래는 기술 자체가 아니라, 인간의 문제를 발견하고 이를 신뢰와 상상력으로 풀어내는 여정에 달려 있다(ChatGPT)", "AI 창업은 기술의 바람을 타지만, 진짜 항해를 가능하게 하는 것은 시장의 파도 위에 세운 지속 가능한 비즈니스와 사람에 대한 깊은 신뢰다(퍼플렉시티)", "AI 창업의 성공은 화려한 기술이 아니라, 인간의 진짜 어려움을 해결하는 데서 출발한다(클로드)."

결국 세 모델의 답은 하나의 방향으로 모였다. AI 창업의 본질은 여전히 사람, 그리고 문제 해결에 있다. 그 여정을 돕는 훌륭한 도구로 AI가 함께할 것이다.

이승아

한양대학교 기술경영전문대학원 박사 과정을 수료했다. 블루포인트파트너스 전략기획팀 팀장, 스타트업얼라이언스 매니저, 한국과학기술기획평가원 전략기획실 연구원, 대한민국 19대 국회 산업통상자원위원회 정책 비서를 역임했다.

정태현

한양대학교 기술경영전문대학원 교수다. 한양대학교 기술경영전문대학원 부원장, 기술경영경제학회 부회장, 벤처창업학회 이사, 스웨덴 룬드대학교 혁신연구소 조교수, 독일 프라운호퍼 혁신연구소 연구원을 역임했다.